博物馆奇妙之旅

这就是三星堆

苏槿——文
南方——绘

欢迎成为三星堆「迷雾剧场」VIP
了解你所不知道的三星堆秘密

五洲传播出版社
China Intercontinental Press

前言

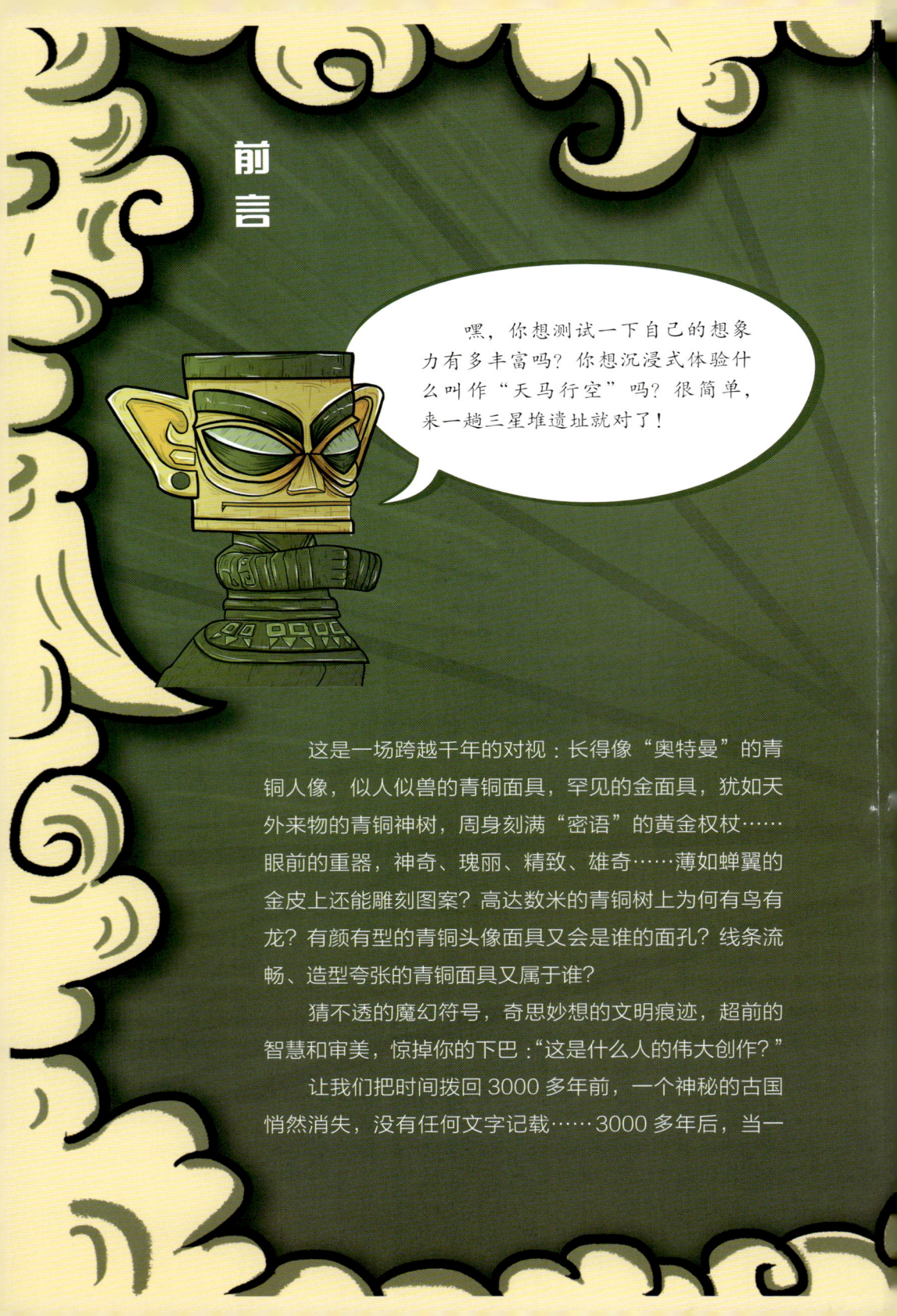

> 嘿,你想测试一下自己的想象力有多丰富吗?你想沉浸式体验什么叫作"天马行空"吗?很简单,来一趟三星堆遗址就对了!

这是一场跨越千年的对视:长得像"奥特曼"的青铜人像,似人似兽的青铜面具,罕见的金面具,犹如天外来物的青铜神树,周身刻满"密语"的黄金权杖……眼前的重器,神奇、瑰丽、精致、雄奇……薄如蝉翼的金皮上还能雕刻图案?高达数米的青铜树上为何有鸟有龙?有颜有型的青铜头像面具又会是谁的面孔?线条流畅、造型夸张的青铜面具又属于谁?

猜不透的魔幻符号,奇思妙想的文明痕迹,超前的智慧和审美,惊掉你的下巴:"这是什么人的伟大创作?"

让我们把时间拨回 3000 多年前,一个神秘的古国悄然消失,没有任何文字记载……3000 多年后,当一

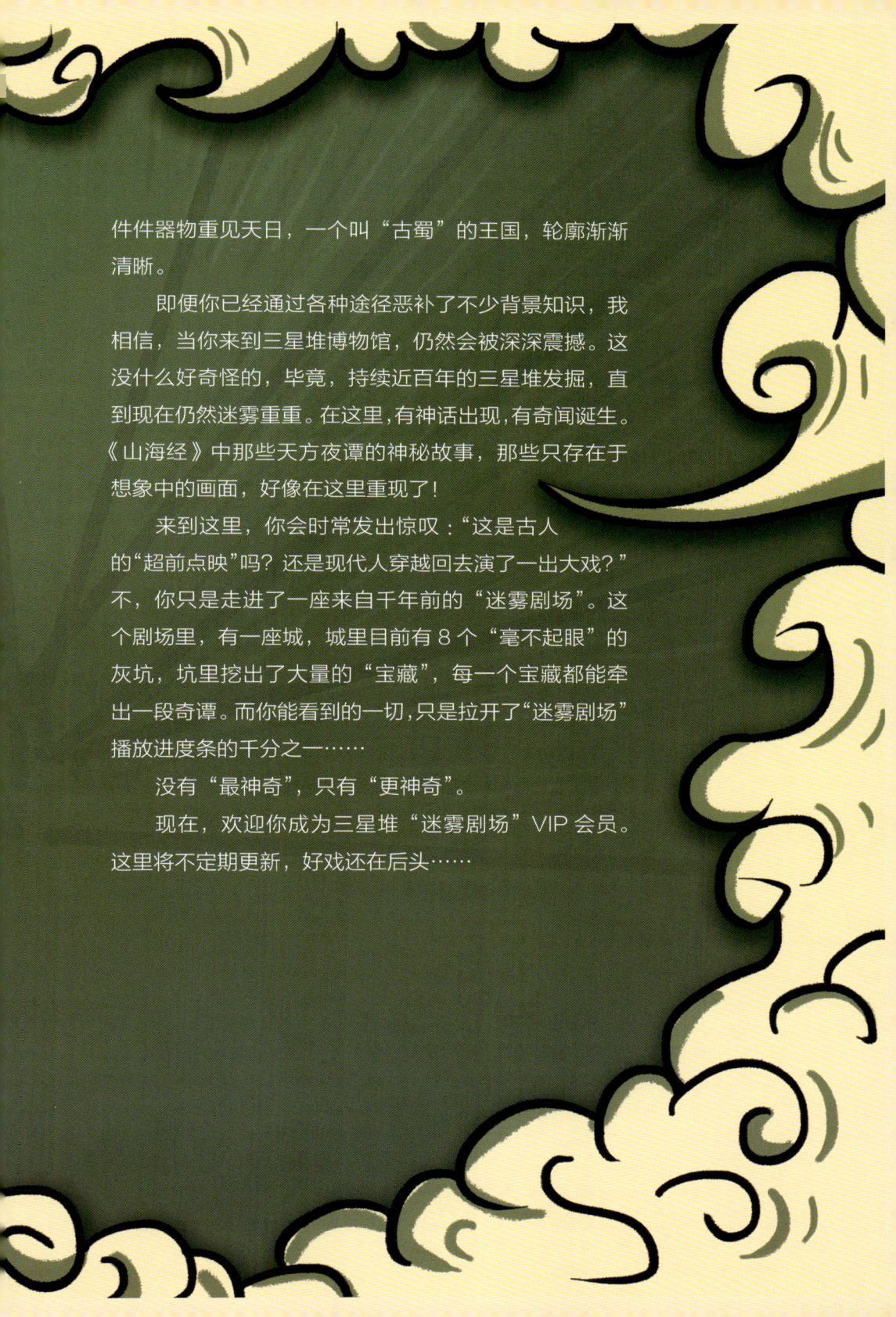

件件器物重见天日，一个叫"古蜀"的王国，轮廓渐渐清晰。

即便你已经通过各种途径恶补了不少背景知识，我相信，当你来到三星堆博物馆，仍然会被深深震撼。这没什么好奇怪的，毕竟，持续近百年的三星堆发掘，直到现在仍然迷雾重重。在这里，有神话出现，有奇闻诞生。《山海经》中那些天方夜谭的神秘故事，那些只存在于想象中的画面，好像在这里重现了！

来到这里，你会时常发出惊叹："这是古人的"超前点映"吗？还是现代人穿越回去演了一出大戏？"不，你只是走进了一座来自千年前的"迷雾剧场"。这个剧场里，有一座城，城里目前有8个"毫不起眼"的灰坑，坑里挖出了大量的"宝藏"，每一个宝藏都能牵出一段奇谭。而你能看到的一切，只是拉开了"迷雾剧场"播放进度条的千分之一……

没有"最神奇"，只有"更神奇"。

现在，欢迎你成为三星堆"迷雾剧场"VIP会员。这里将不定期更新，好戏还在后头……

目录

前言 /002

第一章　一醒惊天下 /006

三星堆文化,"数醒惊天下" /008

三星伴月,真实存在的古蜀传奇 /013

权力的游戏?三星堆消失之谜 /019

三星堆、金沙,文物连连看 /025

第二章　奇奇怪怪的"三星堆人" /032

青铜大立人,你到底有多少秘密? /034

这个小人龇着牙 /039

头戴神秘帽子的"主持人" /042

超短裙、蝴蝶结,三星堆的时髦女孩? /046

微笑的女巫 /049

梳大辫子的古蜀汉子 /051

第三章 天马行空的"三星堆器物" /054

一根金杖的"前世今生" /056
你好,树先生 /061
太阳轮、青铜鸟,"代表我对太阳的心" /068
"千里眼、顺风耳"——最特别的青铜面具 /074
神坛神坛,请赐福 /081
来自 3000 年前的铜铃声 /086
牌饰,让生活更有仪式感 /088
古蜀也有玉器 /091
你从哪里来,象牙和海贝? /097

第四章 这些年,我们追过的三星堆 /104

越挖越新奇 /106
古蜀人也有杂技表演? /110
在三星堆做一条特立独行的龙 /115
古蜀人也爱"土豪金" /118
出土即顶流的网红猪 /120
吃着火锅喝着小酒,三星堆人的小日子 /122
从事"跨国贸易"的三星堆人 /124
当科技照进三星堆 /128

第一章

一醒惊天下

嗨，大家好！我叫三星堆。很多朋友听到我的名字，就会竖起大拇指，投来不可思议的目光。他们说，"神秘"两个字用到我身上都说腻了！

我的家，在四川省广汉市三星堆镇，现在，很多人都亲切地叫我"堆堆"，我很喜欢这个名字。堆堆，是几个普普通通的土堆堆吗？他们说，我沉睡了3000多年，这是真的吗？

1986年，考古学家们在我家的地下挖掘出两个神秘的器物坑，出土了金器、玉器、青铜器、海贝等6000余件文物。

"沉睡三千年，一醒惊天下！"

那么，我的故事从何说起呢？我家又有哪些惊世的发现和未解的秘密呢？

三星堆文化，"数醒惊天下"

1929 年，因为"一锄头的意外"，三星堆曝光；

1934 年，华西协和大学博物馆考古人员在月亮湾玉石器坑地点附近，进行了三星堆历史上的首次考古发掘并提出"广汉文化"的概念；

1986 年，三星堆一、二号祭祀坑"一醒惊天下"；

2019 年－2020 年，新发现的 6 座"祭祀坑"，"再醒惊天下"。跨越将近一个世纪的考古挖掘，串起了三星堆"豪奢"的前世今生。

在广汉马牧河畔，有三个起伏相连的黄土堆，因为形状像一条直线上的三颗金星，当地人把三个土堆和周边区域叫做"三星堆"。河对岸还有一个突出的弧形台地，人们称它为"月亮湾"。三星堆和月亮湾隔河相望，当地人又颇有情致地称其为"三星伴月堆"。

发现三星堆

虽然，三星堆博物馆的大部分文物都发掘于祭祀坑，但是人们第一次把目光投向这片土地却是因为河对岸的月亮湾。

1929年春季的一个傍晚，月亮湾农民燕道诚正带着儿子燕青保清理水沟，一锄头下去觉得不对劲……接下来，一个长方形的神秘土坑，一堆色彩斑斓的玉石器露了出来。就是这"一锄头的意外"，拉开了近一个世纪的探寻。燕道诚得宝的消息不胫而走，古董商人和文物工作者蜂拥而至。遗憾的是，他们的目光仅仅停留在月亮湾，而河对岸埋藏着更多千年宝藏的祭祀坑，却被错过了！

近百年前，人们第一次如此接近三星堆祭祀坑，为何又与这个宝藏库擦肩而过呢？高六七米的小土堆，的确貌不惊人，谁承想到，这"哥儿仨"已经在这里屹立了3000多年！1929年之后的几十年间，

大立人手绘图

祭祀坑手绘图

也有不少考古学家来到这里,希望发现更多的秘密,但都没有什么突破性的进展。直到20世纪70年代,人们经过考古发掘了解到,这三个土堆其实并非自然形成,而是夏商时期古人夯筑的城墙残段。墙体由于数千年的风雨侵蚀和人类活动才变成了一条高低错落的土埂。

  1986年7月18日是中国考古史上浓墨重彩的一天。这一天,三星堆一号祭祀坑被发现,金杖、金面罩、青铜人头像、玉石器等重要文物陆续出土。一座沉睡了3000多年的地下宝库终于被打开了!紧接着,二号祭祀坑也被挖掘,得以重见天日。长4.64米、宽3.48米的一号坑和长5.3米、宽2.3米的二号坑带给人们巨大的惊喜,被誉为"世界上最引人注目的考古发现之一"。因为太过夸张、诡异,一时间,"横空出世"的三星堆"谣言四起",无数的谜团也接踵而至。高鼻梁、大眼睛、宽耳朵的青铜人头像,五官如此深邃,看上去并

三星堆博物馆老馆

不像亚洲人的面孔。三星堆人不是本土的？！甚至有人说，他们是外星人？！

　　迷雾重重的三星堆，要从哪里开始解开谜底呢？1987年，考古工作者提出"三星堆文化"，推断其年代相当于夏代晚期至商周时期。围绕着"三星堆来自哪里"的探讨陆续展开。随着发掘和研究的层层推进，一个复合多元的三星堆文化渐渐露出端倪。从东方大汶口文化、良渚文化到中原王湾三期文化、二里头文化，甚至殷商文化，从南方石家河文化到西部甘青地区古文化，都能找到与三星堆文化或多或少的联系。如果继续追溯，它甚至与西亚文明，以及遥远的两河流域的苏美尔文明有着某种不解之缘。这样的三星堆文化，在中国可以说是绝无仅有的。

　　1992年8月，三星堆博物馆在三星堆遗址东北角奠基，1997年10月正式开放。一拨又一拨游客来到广汉，来到三星堆，凝视着国宝，遥想着3000多年前的传奇。

三星堆三号祭祀坑

如今的三星堆文化，除了几个祭祀坑出土的神秘文物，分布范围约 12 平方公里的三星堆遗址也逐渐显现出来，这也是西南地区迄今发现的最大的先秦时代遗址。其核心是 3.6 平方公里的三星堆古蜀国都城遗址，相当于五个紫禁城大小！"一大城数小城"的三星堆古城，始建于约公元前 1700 年，先小城后大城，先内城后外城，经过 500 年左右的演变发展逐渐形成。踏上这片土地，不仅能一睹三星堆文物真貌，还能真切感受三星堆先民生活过的一方热土。

2019 年 11 月，三星堆开启新一轮考古发掘，一挖就是六个坑！2020 年 7 月，三星堆考古大棚开始搭建；9 月，一场简单的启动仪式在考古大棚里举行。神秘的黄金面罩、丝绸遗痕、玉器、青铜器……随着三星堆新坑文物的出土，三星堆为中华文明多元一体再添新证！2022 年，三星堆祭祀坑的年代被最终确认为距今约 3200 年至 3000 年的商代晚期。2023 年 7 月，三星堆博物馆新馆开馆。

我们再也无须怀疑三星堆文化是"来自星星的文明"！三星堆是一个神奇的存在，其面目奇特，却又实实在在深埋在中华大地。它就像一个调皮的孩子，突然蹦跶出来对中华母亲说："嘿，我在这里！"

三星伴月，
真实存在的古蜀传奇

没有文字，我们要如何解开三星堆的身世之谜？幸好有这些文物。它们虽然不说话，但是身上的每一个符号，都可能成为破解那段历史的文明密码。

谜团重重的三星堆

1986年7月30日，一根金杖在三星堆一号坑被发现了。这根金杖是做什么用的呢？它的主人又会是谁呢？在中国上古时期，金杖并非王权的象征。夏代开国，"禹铸九鼎"。鼎，作为中国独有的器物，一直以来被视为权力的象征。而权杖在古埃及、古希腊、古巴比伦及西亚文明中屡见不鲜。那么，三星堆人为何不用鼎而用权杖，这真的是个谜。这根金杖上的"鱼鸟"图案能否帮助我们解开这个谜底呢？

还有一件二号坑出土的奇特的青铜文物——铜纵目面具，有着夸张的千里眼和顺风耳，面目看上去似人似兽，虽然奇怪，却又威严

三星堆出土的金杖

四仪。刚出土时，大家都以为这是一把青铜打造的"皇帝的椅子"。随着泥土被清理干净，鹰钩鼻，外凸得十分夸张的眼睛才让人们惊觉：这是一尊大型青铜面具。这是谁的面孔呢？《华阳国志·蜀志》记载："蜀先称王，有蜀侯蚕丛，其目纵。"难道，他就是传说中的蜀王蚕丛？

三星堆还出土了数十件青铜眼形器，且基本上都出自二号祭祀坑，有菱形、钝角三角形、直角三角形，看上去就像无数的杏眼、菱形眼、钩云眼、铜泡眼……无所不在的青铜眼睛，似乎在诉说着什么故事？这些被神化了的眼睛，似乎在告诉我们，那是一个万物有灵的时代。而这些眼睛，又悄然地和甲骨文字中的"蜀"字联系起来。"蜀"字造型就特别突出眼睛的意象。蜀人也传说始祖蚕丛拥有"纵目"。神话中的烛龙人面蛇身，有支配人间明晦的神力，睁眼白天，闭眼黑夜。这些似乎都标示着古蜀人对眼睛的崇拜。难道，三星堆人的身世之谜就隐藏在这一双双眼睛里吗？

从金杖的"鱼和鸟"到"纵目的蚕丛"，以及"透过迷雾想要看得更远的眼睛"……一件件文物上的密码一点点被破译，谜团重重的三星堆渐渐有了清晰的轮廓。这是一个集神权和王权于一体的古国。

鱼鸟图腾

三星堆发掘的文物还证实了古蜀国并非封闭落后的蛮夷之地，而是与诸多周边文化都有交往。比如，三星堆出土的陶盉、铜牌饰的造型与中原二里头夏文化的十分相似；铜尊、铜罍等器物则与商文化的典型礼器一样；玉琮、玉锥形器等又带有长江下游良渚文化的某些特征；金杖、金面罩的文化形式却与西亚近东文明十分相似。不仅如此，三星堆还出土了大量的象牙和海贝，据推测，应是古蜀国与周边地区商贸往来所用。

但是，在那个几乎无交通可言的年代，群山环绕的三星堆，又是如何与其他文明来往的呢？这是又一个谜团。

神秘的古蜀国

三星堆人生活的，是否就是那个传说中怪力乱神的古蜀国呢？没有文字记录，过往只存在于传说中的古蜀国，到底是怎样一个神秘的国度呢？

"蜀"是四川的古称。关于古蜀国的历史，在正史中几乎没有记

青铜纵目面具手绘图

载。今天的我们只能从一些方志、古人杂记、神话故事、历史传说，以及后来出土的各种文物去推测。相传，蜀人起源于蜀山氏，从蚕丛氏称王开始，历经蚕丛、柏灌、鱼凫、杜宇、开明五个氏族的统治。"蜀王之先名蚕丛，后代名曰柏灌，后者名曰鱼凫。此三代各数百岁，皆神化不死。其民亦颇随王化去。"直到公元前316年（一说公元前329年），强大的秦朝消灭了被开明氏统治了十二世的巴蜀，蜀国历史延续了1300多年。自此以后，蜀文化才逐渐融入汉文化中，蜀人也慢慢转变成了汉人。为了区分后世以蜀为国号的政权，人们把先秦时期的蜀国称为古蜀国。

　　文献记载中，古蜀国曾经的统治族系中的柏灌、鱼凫、杜宇等都以鱼鸟或者鸟为图腾崇拜。"柏灌"这个名字就与鸟有关，"鱼凫"

古蜀国

则是一种水鸟——鱼鹰。而第四代蜀王杜宇,传说死后化作了杜鹃鸟。"庄生晓梦迷蝴蝶,望帝春心托杜鹃。"其中的"望帝"就是杜宇,"望帝春心托杜鹃"说的就是"杜宇化鹃"的故事。

三星堆曾是古蜀国都城?

有关古蜀国的零星文字记载讲述,开明氏在取代杜宇氏的统治后,将都城迁往成都。但是,迁都之前,古蜀国的都城又在哪里呢?至今没有文字记载。三星堆遗址出土的大量青铜器、礼器,代表着一个高度发达的文明的存在。三星堆的考古遗址中大量建筑遗迹,甚至是城墙的发掘,与历史上记载的古蜀国的情形极度吻合,证实了三星堆遗址确是古蜀王国的都城所在,曾是古蜀文明的中心所在。

三星堆遗址的核心区就是三星堆文明的古城所在。古城遗址呈南宽北窄的梯形布局,拥有三道外城墙和两道内城墙,城墙高达8-10米。在迄今为止发现的城墙外,都挖掘有宽十几米、深两三米的壕沟。城墙布局复杂,夯筑讲究,主城墙顶上还用上了土坯砖!专家介绍,三星堆城址采用堆筑城墙的方法,堆土拍打而成。这和中原地区城址的夯筑城墙、石峁古城的石砌城墙,以及良渚古城的草包泥筑城法有很大区别。这种城墙墙体建筑技术目前仅在长江中游和成都平原发现过。古城面积约3.6平方公里,按不同功能和需要划分了生活区、作

三星堆博物馆青铜器眼睛造型

坊区、祭祀区、墓葬区等。3000多年前的古蜀先民就已经用他们的智慧修筑起了功能齐全的早期城市。

至于三星堆文明具体是古蜀文明的哪个阶段，四川省文物考古研究所研究馆员赵殿增分析说："从它的鸟和鱼的图腾，以及大量的鸟的图案和鱼的图案来看，它可能是鱼凫氏蜀王的一个统治时期。可以说，三星堆这个时期达到了古蜀文明的一个高峰时期。"

权力的游戏？
三星堆消失之谜

　　专家们从现有的考古成果中推测，三星堆在四五千年前就已经有人类居住了。在距今 4000 年左右，三星堆人建立了早期的国家，开始进入文明社会。然而在距今 2800 年左右，发达的三星堆文明突然终止，神秘消失了。一个曾经创造过辉煌的青铜文明的三星堆文明，到底是如何形成，又为何突然消失？

　　在三星堆遗址中，有一层厚厚的淤泥文化层，说明这个地方曾经发生了巨大的洪灾。但是，这样的淤泥层仅仅发现了一处，这似乎并不能证明是洪水将三星堆古城冲毁的。

　　那么，是地震摧毁了古城吗？沱江和岷江的源头位于龙门山地质断裂带。历史上，这一带的确不怎么平静，曾经发生过多次破坏性地

三星堆古城墙图示

震。如果是地震导致三星堆的顷刻覆灭，那么坑中的器物被人为破坏的痕迹又如何解释呢？是什么让三星堆人将大量"家当"丢弃、砸毁、火烧、掩埋，若不是强大的外敌入侵，他们为何如此匆忙地离去？

三星堆遗址有三个土堆，这三个土堆并非天然形成，而是古蜀先民夯筑的城墙残段。如此坚固的城邦，在当时的蜀地，应该找不出拥有将其灭亡的实力的敌人。或许正是因为"蜀道难，难于上青天"，才使得得天独厚的"天府之国"能够隐居在灵秀的巴蜀大地，发展自己的文明。

三星堆的文物在出土时基本上都处于破损状态，很明显，很多器物在掩埋前，都遭受了严重的击打、焚烧。如此精美的器物，如此耗费人力、财力的杰作，为何又要彻底地将其破坏呢？很久以来，我们一直无法理解古蜀人的"迷之行为"。由于没有文字记载，我们只能从文物中去破解那些暗语。

三星堆文物为何遭受如此重创，至今仍然是个谜。根据三星堆遗址祭祀区考古工作队队员黎海超的介绍，接下来，三星堆考古人将进行一系列的实验考古，包括将青铜器在内的器物复制，然后尝试用各种方法去破坏、焚烧，以求得出到底在什么样的环

三星堆青铜人像

境下，三星堆的器物才会被摧毁成出土时的模样。这是解读三星堆非常重要的一个新方法。

也有专家直言，1986年发掘的一、二号坑以及后来发现的6个新坑，其坑内器物的埋藏都十分有规律，大多按照象牙、玉器、青铜器一层层摆放，似乎是有计划的行为。因此，他们对战乱、内讧等破坏因素提出疑问。

考古不仅仅是猜想，也是在实践中不断发现，不断修正，不断去接近真实的历史。

从三星堆到金沙，古蜀文明的辉煌见证

2001年，刚刚进入新世纪，成都苏坡乡金沙村的一个建筑工地就发现了一个公元前12世纪至公元前7世纪的古代都城遗址，出土了上万件金、铜、玉、石、陶器，以及数以吨计的象牙、数以千计的野猪獠牙和鹿角等。尤其是遗址中挖掘出的太阳神鸟金饰在2005年被选为中国文化遗产标志。金沙遗址占地面积超过5平方公里，布局上和三星堆一样，祭祀区、宫殿区、墓葬区、生活居住区等功能分区明确，直接将成都的建城史往前推进到了距今3000年左右。

无论从宗教信仰、城址布局，还是出土文物上来看，金沙遗址都与三星堆遗址颇为相似，"两者表现出极为密切的文化渊源关系"。

三星堆的文明最终在金沙遗址得到传承和发展。

2021年年底，三星堆遗址管委会与金沙遗址博物馆一致同意将三星堆遗址与金沙遗址"捆绑"申遗！它们共同勾勒出了蜀地先民的生活场景、文化进程，共同见证了神秘的古蜀文明。

2022年6月13日，四川省文物考古研究院在三星堆博物馆召开新闻发布会，对"考古中国"重大项目三星堆遗址考古发掘进行阶段性成果发布。考古队对近200个样品进行了碳14测年，测年数据集中在公元前1131年至公元前1012年，除五号坑和六号坑年代稍晚之外，三号坑、四号坑、七号坑、八号坑的埋藏年代一致，为商代晚期，距今约3200年至3000年，解决了过去30年来关于祭祀坑埋藏年代的争议。这些新近出土的文物和先前出土的三星堆文物一样，共同见证了古蜀文明之光。

而最早在新石器时代晚期，金沙遗址就有人类活动的遗存。金沙遗址祭祀习俗不晚于3500年前。金沙遗址博物馆馆长朱章义表示："从种种迹象看，三星堆遗址与金沙遗址的主体文化明显有前后延续的物证可循，因此，业界

金沙遗址

更倾向于它们之间具有明显的文化承袭与发展关系。"

　　他还表示："三星堆遗址与金沙遗址有着很多相似之处，但两者也有很多不同。三星堆有发达的铸铜业，有厚重的城墙；金沙不仅有金、铜铸造工艺，还有石雕工艺、漆木器制作，更有发达的玉石器以及大量的鹿角和野猪獠牙，城市功能分区更为明显。"

　　2020 年，随着三星堆新的 6 个祭祀坑的挖掘，以往的推测也正在经历着挑战。据本次三星堆考古发掘领队雷雨介绍："新发现的 6 个坑，年代上晚于 1986 年发现的一号坑和二号坑，甚至可能与金沙遗址存在重合。以前认为三星堆和金沙遗址是一前一后的，无缝衔接的。现在看起来，这 6 个坑可能晚，而且晚得还不是一点点，这也就意味着三星堆作为政治中心的下限时代还要往后推更多。但是既然金沙的上限摆在这里，这两者之间产生了并列式的叠压。古蜀国在那个时候是不是有两个首都？一个金沙一个三星堆？起码在几十年时间甚至会不会上一百年（时间）并存两个首都？这又是一种挑战。"

　　那么，三星堆作为古蜀的一个国家政权，是一夜之间突然消失

铜巨型神兽
考古现场

的吗？到底是什么原因令三星堆人丢弃故城，举国搬迁到成都平原呢？结合出土文物、历史传说，很多专家都认为三星堆遗址是鱼凫部族的都邑，而金沙遗址是杜宇部族的都邑。三星堆古城的废弃和金沙古城的兴起，正好反映了历史传说中有关古蜀国杜宇部族逐步取代鱼凫部族统治的历史过程。

但不管如何，从上世纪一直延续到本世纪的发现和发掘，已经证实了三星堆遗址以及金沙遗址是我们开启古蜀文明的两把金钥匙。它们的发现让古蜀国的发展脉络逐渐清晰起来。

2022 年，三星堆博物馆上新了一款特别接地气的文创产品。青铜大立人像、戴发簪圆顶头像、青铜兽首冠人像和青铜戴冠纵目面具像凑了一桌，打起了四川麻将。网友们忍不住开涮："这也会！"

穿越回 3000 多年前，如果你和他们邂逅了，问一句："你是外星人吗？"他们肯定瞪大眼睛告诉你："老子四川人！"

三星堆盲盒

三星堆、金沙，文物连连看

　　1986 年，三星堆遗址以惊人的姿态横空出世，没有文字，没有史料，感叹之后，留给世人的是无数个问号。这些器物为什么被掩埋在这里？他们是凭空而来的外域文明吗？他们又去了哪里？这些谜团足足困扰了考古学家 15 年，直到 2001 年，四川金沙遗址的重见天日似乎让谜团有了一种猜测。

　　三星堆最繁盛时期大约是中原地区的夏代晚期至商代早期，距今约 3700—3200 年。至商代晚期，生机盎然的三星堆文化突然消失，三星堆都城变成一片废墟。恰好在此时，金沙遗址正在走向繁荣。

　　有人说："如果说，三星堆文化是古蜀文明的第一次发展高峰的话，那么金沙文化则是古蜀文明的第二次发展高峰。古蜀文明中心从三星堆转移到金沙，是中国古代文明连续性发展模式的一个生动的样本。"相距仅几十公里的三星堆和金沙，同属古蜀先民先后建立的，甚至很有可能并存过一段时间的政治文化中心。它们一脉相承，出土文物的风格和样式也极为相似。

金沙小立人

三星堆出土了金面具，金沙也出土了黄金面具；三星堆有金杖，金沙有金冠带；三星堆有青铜大立人，金沙有青铜小立人；象牙、玉器，都一一被发掘……如此相似，人们不禁揣度，三星堆和金沙有什么渊源吗？三星堆是金沙"分沙"呢？还是金沙是三星堆"分堆"呢？

大立人与小立人

身高19.2厘米，头戴十三道弧形齿饰的太阳帽，身着中长服，腰间系带，脑后垂着三股发辫，双臂做出环抱举物的姿势，双手虚握，双拳上下呈斜线相对，像是拿着什么东西。这是金沙遗址出土的青铜小立人。说他"小"，是因为三星堆曾经出土了一具和他姿势几乎一样，通高260.8厘米的青铜大立人像。青铜大立人头戴铸饰兽面纹和回字纹的花状高冠，身穿窄袖与半臂式共三层衣服。衣上纹饰繁复精丽，赤足站在方形怪兽座上。面部浓眉大眼，高鼻阔嘴，显得威严刚毅。他们到底是谁呢？他们到底是什么关系呢？大哥和小弟？

专家说，他们代表的是大巫师或蜀王的形象。三

三星堆青铜
大立人像

星堆遗址的青铜人像梳着两种发型，一种披着辫子，另一种戴着发髻。戴发髻的人应是从事宗教祭祀活动的，有可能是神权贵族；披着辫子的则是王族、贵族，代表着世俗的权力阶级，掌握着王权。而金沙小立人戴着象征太阳崇拜的太阳帽，手上姿势和三星堆青铜大立人一致，这说明他和三星堆青铜大立人具有同样的身份特征。不同的是，他梳着一条辫子。

谁才是最大的金面具

2001 年，金沙遗址出土了一件金面具。面具不大，看起来小巧玲珑，圆脸、圆额、大嘴镂空、双眼、鼻梁高直，嘴角似乎还带有一分笑意，看起来非常神秘。六年之后，在金面具出现的地方，又有一件大型的方形金面具出现了。这个金面具就比较大了，宽 19.5 厘米，高 11 厘米，长刀形眉，三角形鼻，有两个鼻孔，长方形的耳朵，耳垂处还有圆孔，下颌内折，齐平，看起来威严十足。这个面具长期以来，一直是中国发现的保存最完整也是体型最大的金面具。

直到 2021 年 3 月 20 日，三星堆遗址"上新"，只剩下半张的黄

三星堆2021年出土的半张金面具

金面具来啦！方形脸、大眼睛、三角高鼻梁、宽大耳朵，这样的面孔我们已经非常熟悉。这一次，让隔壁金沙遗址的黄金面具"哭出声来"："我不是最大的黄金面具了！"

专家们分析说，黄金是稀有贵金属，拥有黄金面具的人一定是社会地位最高的人，他们拥有世俗的权力，也拥有与神交流的特殊技能。在重大祭祀活动中，这位"大人物"戴上黄金面具，便能与天地、神灵相通。

一起来拜拜太阳神

太阳神，是人类创造的最早的神。太阳崇拜也是人类最早的崇拜形式。人类学家爱德华·泰勒说："凡是有太阳照耀的地方，都有太阳崇拜的存在。"三星堆文化和金沙文化都崇拜太阳，都出土了很多有关太阳图案、形状的文物。三星堆出土的青铜大立人像头顶花冠正中有圆形的太阳标记，青铜神树上的神鸟则是太阳的象征，造型类似汽车方向盘的青铜太阳形器和圆轮状的太阳纹铜饰件，都是三星堆人太阳崇拜的直接表现。而金沙则有太阳神鸟金箔、戴太阳帽的青铜立人、青铜鸟、三鸟绕日带柄有领铜璧等。其中的太阳神鸟金饰是金沙遗址博物馆的镇馆之宝,也被选为中国文化遗产标识。2005年10月,绣有"太阳神鸟"金饰的蜀绣制品还搭乘神舟六号飞船去太空遨游了5天。

飞鸟与鱼,一个都不能少

三星堆出土的黄金权杖被解读为"鱼凫王杖"的金杖,被视为三星堆之主的信物。金杖下端为两个人头像。上部刻有相同的四组纹样,上下左右对称排列。图案中的每一组纹样,都由鱼、鸟、箭组成。而金沙遗址金冠带上的人头、鱼、鸟、箭纹与三星堆的金杖刻纹如出一辙,只是人头图案有所变化。"人头·鸟·鱼·箭"图案反映了古蜀人的祖先崇拜,与古蜀传说中的蚕丛、柏灌、鱼凫、杜宇、开明等五代蜀王的故事不谋而合。

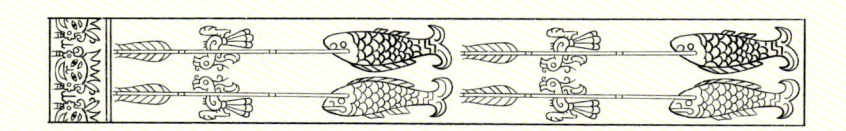

三星堆金杖上的鱼、鸟、箭、人的图案。

玉璋图案连连看

　　三星堆最有代表性的玉器极品——"祭山图"玉边璋，在 54.5 厘米长的玉边璋表面，刻有纹饰相同的图案。一面上半部分为 3 个站立的人与两座大山，下半部分为跪坐的 3 个人与两座大山，中间以几何形云雷纹隔开。另一面构图类似，不同在于因玉璋底部器身略窄，仅刻了两位站立的人。下层两山丘两侧有插璋，表现的内容是"以璋祀山川"。而金沙遗址出土的肩扛象牙纹玉璋，纹样与三星堆"祭山图"玉边璋类似，刻有两组头戴高冠、方耳方颐、身着长袍、肩扛象牙的人像。尤其是人像头部与三星堆遗址的青铜人头像极为相似，他们可能是祭师或巫师。

像戈又像璋

　　三星堆遗址发现有大量玉戈，体形宽大，线条流畅，制作精美。尤其是 2021 年 3 月，在八号坑发现的玉戈中有一件体型较大，长约 35 厘米，宽 10 厘米，是非常罕见的大型仪仗用器。三星堆出土的玉戈兼具了玉戈和玉璋的部分特点，是璋戈合体的典型。这样的造型的玉戈，在金沙遗址也有出土。

三星堆遗址出土的祭山图玉璋

金沙遗址出土的玉戈

神树到底是扶桑还是建木呢?

2021年3月,在三星堆三号坑新发现了一棵青铜神树。三星堆出土的青铜神树中,最为人所熟知的是三星堆博物馆镇馆之宝——高3.96米的1号青铜神树。神树一共有三层,每层有三个树枝,每个树枝又一分为二,其中一个树枝上有一个类似于果实一样的基座,基座上站着一只鸟,神树之上一共站立着9只鸟。有人说,这是《山海经》里有10个太阳的扶桑树,每日9个太阳在树上休息,另外一个则飞到天空中。也有学者认为,青铜神树上的枝叶、飞禽、走兽,以及悬龙、神铃、果实等都符合《山海经》中描写的建木的形象。"有木,其状如牛,引之有皮,若缨、黄蛇。其叶如罗,其实如栾,其木若蓲,其名曰建木。"

不管怎样,神树的底座象征神山,树干代表连接天地,树上的龙代表沟通天地的交通工具,树上象征生命的鸟,表达了三星堆人对太阳和生命树的崇拜。金沙遗址虽然没有出土青铜神树,却在祭祀区的西北角发现了一个巨大的树根遗迹。金沙遗址还发现了一些青铜神鸟,和三星堆神树上的挂件极为相似。

三星堆神树插画

第二章 奇奇怪怪的"三星堆人"

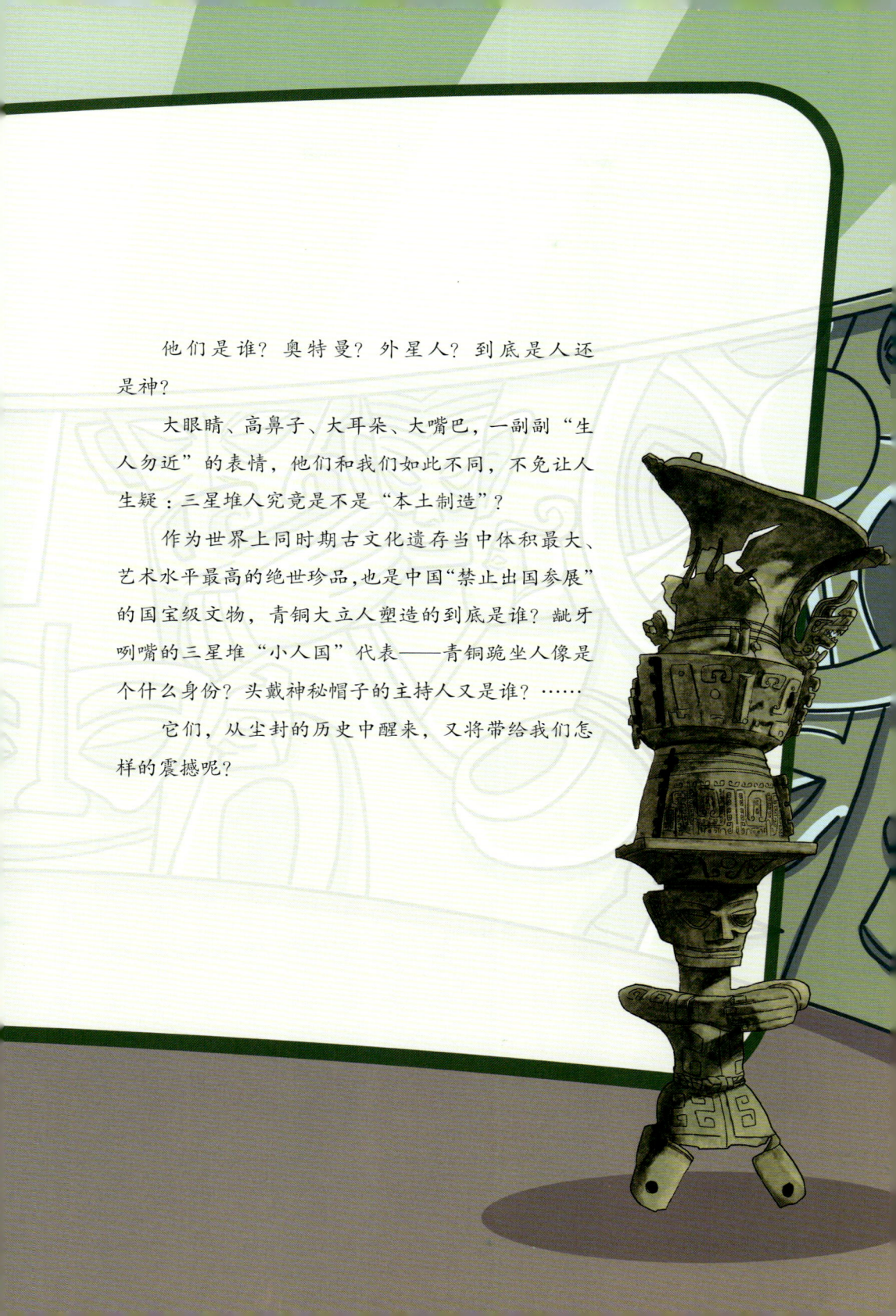

他们是谁？奥特曼？外星人？到底是人还是神？

大眼睛、高鼻子、大耳朵、大嘴巴，一副副"生人勿近"的表情，他们和我们如此不同，不免让人生疑：三星堆人究竟是不是"本土制造"？

作为世界上同时期古文化遗存当中体积最大、艺术水平最高的绝世珍品，也是中国"禁止出国参展"的国宝级文物，青铜大立人塑造的到底是谁？龇牙咧嘴的三星堆"小人国"代表——青铜跪坐人像是个什么身份？头戴神秘帽子的主持人又是谁？……

它们，从尘封的历史中醒来，又将带给我们怎样的震撼呢？

青铜大立人，
你到底有多少秘密？

青铜立人像

"我的名字叫青铜大立人"

"很遗憾，因为年代太过久远，我已经忘记了自己原本的姓氏。是的，我在四川省广汉市西北的鸭子河南岸躺了3000多年。所以，我看上去似乎有些奇怪……我们这个地方现在叫三星堆，而我，也有了一个新名字——青铜大立人（正式文物定名为'晚商青铜立人像'）。现在的我是一枚妥妥的劳模。我每天都站在你们为我们建造的新房子里上班，用你们现代人的话说，就是，'宇宙不爆炸，我就不放假。'毕竟我已经躺平了几千年。"

"我到底是谁？"

"我手里拿着的是什么？"

……

我知道你们有很多问题想问，但是，我需要将一将……

你是谁？东方巨人？

你是谁？人还是神？

每一个走进三星堆博物馆的人，在看到他时，几乎都有这样的疑问。当我们与他四目相对，不由得屏气凝神："你是在笑吗？""你的眼神为何如此悠远而坚定？"

……

砰砰砰，仿佛听到了你的心跳声，穿越几千年而来。

而这场神秘的邂逅，源于1986年夏天的一场意外……

那一年夏天，太阳炙烤着广汉平原。因为砖厂工人的"一榔头"意外，注定了这位"东方巨人"要重出江湖，与我们跨越世纪会面。

发现大立人的地方，被命名为"三星堆遗址祭祀区二号坑"。当考古队员与他初见时，大立人不仅没有如今的"耀眼"，甚至可以说"看上去非常凄惨"。出土时，大立人从腰部断裂，锈蚀斑驳，并且严重变形……修复迫在眉睫！

1987年5月，就职于中国历史博物馆（现中国国家博物馆）的傅金凯等人从北京飞往成都，但那时的他们只知道此行是为修复三星堆出土文物，却不曾想到重中之重竟是一个"巨无霸"。对于他们而言，精美的青铜器早已司空见惯，但当大立人出现在眼前时，傅金凯还是惊呆了！经过专家们夜以继日地奋战，一个月后，修复工作完成，躺平了几千年的大立人终于站了起来。

通高260.8厘米，人像高180厘米（冠顶至足底），这样的体量，足以让三星堆青铜大立人俯视所有人，成为同时期体量最大的青铜人物雕像。所以，他是神？但是他身上又有很多"人"的标签。或者说他是被神化了的人？

青铜大立人像底座

青铜大立人像
衣服纹样

　　他的华服十分讲究，里外共三层穿搭。第一层为单臂式短衣，第二层为半袖式短衣，第三层是窄臂式长衣。这样的穿搭在几千年后的今天看来，依然非常时尚。大立人内衣最长，两侧下垂，从背后看像一件燕尾服。

　　三星堆博物馆记载："纹饰繁复精丽，以龙纹为主，辅配鸟纹、虫纹和目纹等，身佩方格纹带饰"。我们都知道，龙纹作为中华民族特有的图腾符号，寓意吉祥、尊贵。在后世，绣有龙图案的礼服，作为帝王专用，称为"龙袍"。难道，大立人穿的是中国历史上第一件龙袍？难道他就是当时的三星堆"蜀王"？

　　除了周身古雅，他的表情还异常威严，头戴高冠，脚戴足镯，赤足站立在方形怪兽座上。他浓眉直目，高鼻阔嘴，表情肃穆而威严，就像一位正在作法的拥有通天异能的巫师。难道他真有通天彻地的本领？那么他站立的地方，或许就是奇幻小说中自带十级神秘色彩的神坛或者神台？而他，自然就是神威赫赫的大巫师。

是神？是王？还是巫师？专家们也在猜测中。也许他是三星堆古蜀国具神、巫、王三者身份于一体的最具权威性的领袖人物，是神权与王权最高权力的象征。我们也可以理解为，他是当时三星堆古蜀国的头部人物，说不定还是全民的偶像。

这一双大手到底握着什么？

单看这尊青铜大立人，修长挺拔，虽然身形比例和现代人差不多，但五官、手臂、手部造型十分突出，特别是一双夸张的圆环状双手，似乎在握着什么东西？

随着持续的博物馆热，三星堆大立人也成了博物圈的流量担当。网友们纷纷"开脑洞"，上演了千奇百怪的"大立人手里拿了什么"的猜想。剑？棍子？还有网友干脆给他 PS 了一对杠铃……就连三星堆博物馆的官博偶尔也跟着调皮一下，给他手里 P 个"大哥大"什么的。

持象牙的青铜大立人

玩笑归玩笑，按照专家们的推断，如果他就是 3000 多年那场重要祭祀法会的主持人、大祭司，那么，他登上神坛，手上握着的肯定是和盛大祭祀活动有关的祭祀神物。于是，玉璋进入候选范围。

东汉许慎在《说文解字》中说："半圭为璋。"《周礼》中记载："赤璋"是礼南方之神的；"大璋、中璋、边璋"是天子巡守用的；"中璋、牙璋"是作符节器用的。三星堆遗址也确实出土了一个双手持璋的铜人像。

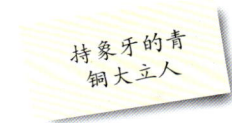

二号候选对象是象牙。网友们在大立人手上PS了象牙，呈一段弧形，看上去还真像那么回事。不过，大象这种热带动物，为何会出现在四川盆地呢？这是后话。但是三星堆二号祭祀坑的确出土了不少象牙，后来在三到八号坑中也发现了象牙，大立人会不会真的曾手持一根象牙呢？

还有的专家认为，大立人手中什么都没有，这样的手势不过是一种姿势罢了。只是因为被刻意放大的双手，引发了大家的浮想联翩。

众说纷纭，没有定论。直到2021年，三星堆三号祭祀坑又出土了一件小立人，那么，这个多年未解之谜能否就此解开呢？这个小立人，身形样貌和大立人相似，最重要的是，他和以往三星堆出土双手环握"空气"的小人像不同，他是实实在在手里有东西的！但是让大家失望了，不是象牙，不是玉璋，不是玉琮，而是一只青铜小鸟。在三星堆文化中，鸟的占比非常重，可见，鸟在古蜀民众心中，亦是神圣的化身。那么，大立人手中会不会也是握着一只青铜鸟呢？这一次，谜底会浮出水面又或是另一个美丽的误会吗？

我们拭目以待。

青铜持鸟
小立人

这个小人龇着牙

"我是龇牙咧嘴的青铜跪坐人像"

嘿，我叫"青铜跪坐人像"，在我们堆里，还有兄弟和我同名呢！他们和我一样，都是跪坐人像，而且都是青铜的哟！不过，他们比我还要矮那么一点点，我算是三星堆"小人国"的代表吧！

噢，我可太小了！1986年，我出土于三星堆遗址一号祭祀坑。我的全高只有14.6厘米，宽8.2厘米，我实在是佩服那些让我重见天日的考古工作者们，这样小小的一个我，他们竟然也能发现，真是火眼金睛啊！不过话说回来，就凭我这个完全可以作表情包的浮夸表情，他们想忽略我也不是件容易的事儿！

我虽然小，捏在手里跟个玩偶差不多，但正龇着牙呢，你们竟然还说我有点"萌"。据说，当考古工作者发现我后，在报告里是这样描述的："张口露齿，神态严肃……"所以，你们确定"萌"和我真的有关系？

我可不是来卖萌的。我到底是什么人？干什么的？为什么要一直跪着？随着这些问题的一一揭晓，或许会来个大大的反差。哈哈，这可能是你们说的"反差萌"吧！

龇牙咧嘴的青铜跪坐人像

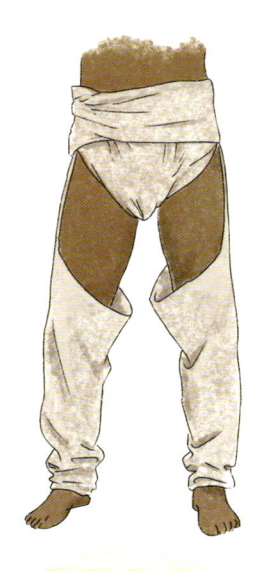

犊鼻裤

跪着的就一定是奴隶吗？

嘿，是不是影视剧看多了？在青铜跪坐人像出土之后，的确有专家曾经提出过怀疑：这是不是一尊奴隶像？除了跪坐姿势，专家们还注意到他的着装。他上身穿着右衽交领长袖短衣，下身则是一块兜裆布。犊鼻裤，就是犊鼻裤，一说是齐膝的短裤，一说是围裙。汉文学家司马相如就曾穿过。当年，富家小姐卓文君与家徒四壁的司马相如私奔，落魄到四川临邛卖酒，"文君当垆，相如身自著犊鼻裤与佣保杂作，涤器于市中"（《史记·司马相如列传》）。一般认为，这犊鼻裤是古代贫贱者所穿，在汉代则是仆役劳作时的穿着，因此，认为他可能是一尊奴隶像。

不过很快这个怀疑就被推翻了。为什么呢？首先，这是一尊青铜人像。铜在商代是重要的物资，不可能用其为一个奴隶塑像。其次，虽然穿着犊鼻裤，但仔细看他，脚上还戴着镯子。最后看他的发型，似乎更有玄机：先是从前往后梳，再向上卷到前面，网友说，"这是不是最早的脏脏辫？"或者说"最炫民族风"？有专家说，这令人羡慕的发量或许正好代表着他不凡的身份。

我们来看这尊小人所处的朝代——商朝。汉朝以前，还没有正式的桌椅，所以有一个成语叫"席地而坐"。那个时候的人，其坐姿也跟我们现在大不一样。两膝着地，臀部落在后脚跟上，以现代人的眼光看过去，这样的"坐"就是跪。但其实在商朝，跪和坐还是有区别的。跪的时候往往要伸直上半身，"引身而起"，这便成了"跪"，也就是我们看到的青铜跪坐人像的姿势。在当时，跪坐也是一种礼仪，在祭祀神天或者是在日常生活的重要场合，都要行跪坐礼，这跟身份高低可没有关系。三星堆二号祭祀坑出土的喇叭座顶尊跪坐人像、青铜跪坐人像，以及后来三星堆四号祭祀坑出土的青铜扭头跪坐人像等，都是跪坐姿势。

所以，现在你不会再怀疑他是奴隶了吧？那么，他的真实身份到底是什么呢？巫祝，被提上名。

什么是巫祝？巫祝，古代称事鬼神者为巫，祭主赞词者为祝；巫祝即为指掌占卜祭祀的人，也就是在宗教仪式上，向神灵祈祷的角色。这个身份还是相当尊贵的。

现在，再来看着这尊袖珍的青铜跪坐人像，双眼圆瞪，龇牙咧嘴，目视前方，表情严肃。虽然只有巴掌大，但他的形象是不是瞬间高大起来了呢？

四号坑青铜扭头跪坐人像

这里还有他的兄弟

在堆里，还有跪坐的青铜小人像，所以他们"撞名"了。

比如，二号坑出土的青铜跪坐人像，看上去似乎有一些阴郁压抑的情绪。这件青铜像通高12.4厘米，宽5.8厘米，为正跪式人像。他可没有"龇牙小人"的炫酷发型，头上戴的好像头盔的装饰，据说，这个叫"頍"。这个装饰通常缺顶，在史前时期就已经很流行了。他的面部也好像戴着面罩，身着对襟长袖衣衫，腰间系带，两手似叉腰捧腹，一副"严肃点，别靠近我"的表情。专家推测，他可能是古蜀国的中上层贵族。正跪式可能是用于古蜀人祭祀祖先或神灵的隆重仪式中的一种特定的礼仪姿势。

二号坑青铜跪坐人像

头戴神秘帽子的"主持人"

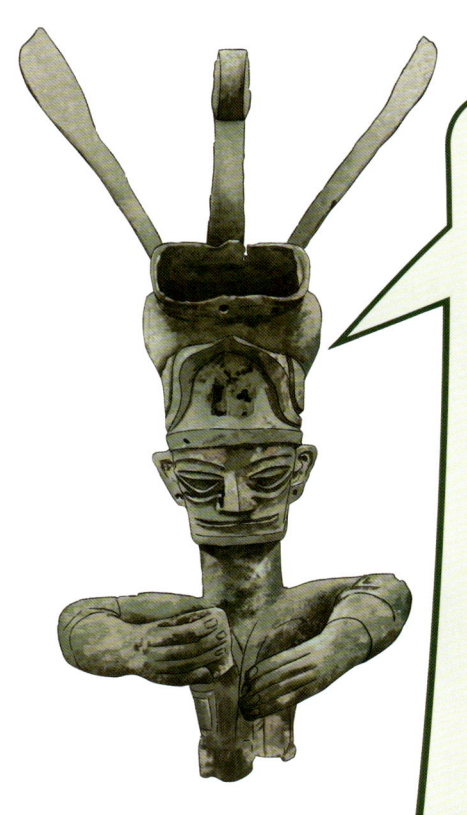

"请叫我青铜兽首冠人像"

乍一看,我像青铜大立人的孪生兄弟,一张标志性方脸,瘦削,骨感十足,浓眉大眼。特别是我的眉毛,比蜡笔小新的眉毛还要吸睛,像两把大刀一样。我的鼻梁挺拔又笔直,耳朵呈斜方形,脖子又长又直,噢,就是你们现在说的"天鹅颈"吧!越说越"凡尔赛"了,总之,我和大立人一样,大概是可以靠颜值吃饭的吧!

现在,请允许我正式介绍一下自己:我叫青铜兽首冠人像。3000多年来,我一直"隐姓埋名",直到1986年正式出土,才摇身一变,成为震惊中外的著名文物。

你们肯定会问:我为什么长了一副和大立人一模一样的面孔?为什么只有上半身?我头上高高耸立的帽冠为什么那么浮夸?我到底经历了什么?

自带神秘感,这就是我。

青铜兽首冠人像

谜一样的帽子

乍一听,青铜兽首冠人像的名字是不是有些拗口?但是信息量却很大,"兽首冠",是说戴了一顶抢眼的帽子；另外，这只是一尊残缺的人像，全高只有42.6厘米。对了，他的动作竟然也跟大立人"神同步"，两臂向前平伸，两手似乎握着什么东西。但是似乎比大立人俏皮一点，右手小拇指居然悄悄伸了一个"兰花指"。

俗话说：人靠衣装。虽说颜值出众，"衣装"也是不可少的。想必你们已经发现了，青铜兽首冠人像对襟衣上纹饰精美，显得神秘华丽。那么，他为什么要如此费心地"包装"自己呢？

和大立人头顶莲花状冠不同，青铜兽首冠人像的冠活脱脱一个"怪兽来了"！如果没有了解过任何背景知识，在看到它的第一眼，你可能会觉得它像某种怪兽，甚至是某种冷兵器？有人说，它像一只神鸟，似要振翅飞翔。果真如此吗？

不止你们，专家学者们也从来没有放弃过对它的大胆猜测。有专家曾提出这顶"怪兽"模样的冠会不会是蜚廉兽？蜚廉兽又是什么呢？据说，蜚廉本是人，而且是商朝的贵族。史书记载，"殷商时有蜚廉，是纣王之臣，其人善走。"也就是说，蜚廉有一个过人的本领，走得快，而且耐力好。放到现在，拿个奥运会马拉松冠军应该不在话下。蜚廉的这项特长被越传越离谱，后来，干脆被神化成为"风神"。蜚廉的名声越来越大，千里之外的古蜀国也有所耳闻，干脆把他的形象塑造在各种青铜器上，以求通天达地，传递消息之神用。这样的说法，你觉得合理吗？

遗憾的是，因为文物损毁严重，我们已然无法断定青铜兽首冠人像中的"兽"到底是何方神兽。现在比较统一的说法是：这顶冠由两部分构成，下部方形的孔一般认为是某种动物的大嘴；上面又长又大的则是它的耳朵，中间卷曲的部分，则被认为是大象的鼻子。专家认为，这顶冠应该是综合了多种动物的局部特征，塑造成了一种组合版的神兽形象。

神秘的身份？

大开脑洞的创意构思，令人叹为观止的工艺，3000多年前的人，为什么要做这么一顶"神兽"的冠给这尊人像呢？肯定不会是闲得发慌吧！如此刻意"包装"，再加上他和大立人神同步的动作表情，更加说明了这个人的"不一般"。

和大立人不同的是，青铜兽首冠人像的大拇指并未和其他四指扣拢，小拇指也略微向外翻，这样微妙的差异说明什么呢？三星堆的秘密你可别猜，因为你猜来猜去也猜不明白。

那么，青铜兽首冠人像的奇特手势，配上他威严的表情，是不是正在感召神灵，与天地沟通呢？果真如此的话，那么他会不会就是一位祭祀仪式的"主持人"呢？

按照这样的逻辑，专家推测他手中或许握着"琮"。这是一种中国古代用于祭祀的玉质筒状物，状似笔筒。当然，这只是其中一种推测。至于那个谜一样的兰花指，更找不到头绪了。网友戏谑说，莫不是在"掐指一算"吧！

不知道这"掐指一算"，有没有算到他自己被毁的命运？这具残缺的人像的损坏并非意外，而是蓄意为之。专家推测，他是在举行宗教仪式时，被故意火烧砸损后再埋入土坑的。所以，青铜兽首冠人像到底还有多少我们没有揭开的光环以及那些"有苦说不出"的往事呢？距离他首次面世已经过去了30多年，依然那样神秘莫测，这些秘密到底何时能解开呢？

青铜人头饰，可不是为了美

据说，三星堆里戴头饰的青铜人可真不少，除了最浮夸的青铜兽首冠人像，还有其他别出一裁的搭配哟！如果只看他们的面部表情，还真不知道如何区分这些三星堆青铜人。相似的五官，相近的表情，要分出他们，还只能从发型或者头饰着手。

比如，二号坑出土的唯一一件平头顶戴冠头像，通宽17.2厘米、通高34.8厘米，双眉微蹙，面容消瘦，表情凝重，显得十分威严。他的头冠为回字纹平顶冠，中规中矩又十分有型，虽然不及青铜兽首冠人像的那么吸睛，但也很是精致。专家分析，这些戴冠的头像其身份或高于无冠者头像，可能即使不是仪式的"主持人"，但也拥有较大的政治宗教权力，不容小觑哟！

平头顶戴冠头像

超短裙、蝴蝶结，
三星堆的时髦女孩？

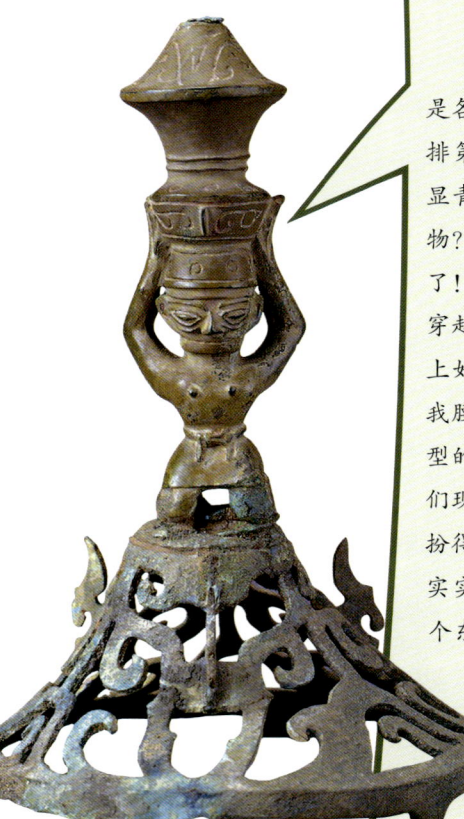

"时髦精就是我"

谁又在说我？要说到我们堆里的人，那是各有特色。但是论起时髦程度，我要是说排第二，没人敢说排第一。听你们说，彰显青春活力的超短裙是20世纪50年代的产物？让我算一算啊！那距离我也有好几千年了！那我的超短裙是哪儿来的呢？难道我是穿越回去的？哈哈！我还听说，超短裙要配上好看的腰带才协调，这可难不倒我！喏，我腰间不是也有一根吗？好像还是蝴蝶结造型的！怎么样，你们就说我潮不潮吧？用你们现在的话说，时髦精可不就是我吗？我打扮得这么好看可不是来当模特的，我可是个实实在在的"打工人"。看到我头上顶的那个东西了吧？看我严肃的表情就知道，这玩意儿分量肯定不轻。那么，我顶的到底是什么呢？我为什么要顶着它呢？这些事情我可说不清楚，还是听听专家们怎么说的吧！

铜喇叭座顶尊跪坐人像

时髦的男孩还是女孩？

3000多年前的古蜀国民有多时髦呢？迷你超短裙，可爱蝴蝶结，这样又萌又炫的穿搭可不是现在年轻人的专属哟！不信，你去看看三星堆的这座人像，但是，他（她）叫什么呢？

这个"时髦精"就是铜喇叭座顶尊跪坐人像，1986年出土于三星堆二号祭祀坑。通高15.6厘米，底座直径10厘米。人像虽小，却塑造得十分精致。巴掌大的铜像分为两部分，其上是跪坐顶尊人像，下部则是山形座。山形座座腰上铸饰扉棱，座上有婉曲朴雅的镂空花纹。再看跪坐人像，面貌、表情和三星堆其他青铜像造型并无太大区别，都是长刀粗眉，大眼睛，圆耳直鼻，干的是体力活——"头顶铜尊"，双手上举捧尊。如果只看到这里，那你一定觉得这尊青铜像塑造的是一个时髦的男士形象。不过，还请继续往下看。

铜像上身裸露，下身着裙，腰间系带，带两端结纽于胸前，纽中插物，有一个最重要的细节是：乳头突出。正因为此，有专家认为该铜像塑造的可能是古蜀国女性巫师或者女神。

青铜尊里有什么？

那么，这位"时髦精"为什么要顶着这样一件青铜尊呢？这顶铜尊里面还有更大的发现吗？专家们通过研究这尊铜像的造型：跪姿、顶尊，并且依照当时二号坑出土的照片来看，铜尊里盛有海贝、玉器（不得不说，堆里人真有钱）等重要的祭品，因此，专家认为，他是3000多年前古蜀国一场盛大祭祀法会的祭祀者之一。

青铜尊

酒尊

　　1986年二号坑出土的铜喇叭座顶尊跪坐人像有人顶铜尊的形象，但却是小小的模型。在后来发掘的三号坑中，才发现原大铜尊改制的人顶尊铜像。为什么三星堆遗址一再发现头顶铜尊的人像呢？或许恰好说明，古蜀先民在祭祀的重要场合有专人专门做这件事情。

　　尊，今作樽，是商周时期的一种大中型盛酒器，亦是古代中国祭祀时使用的重要礼器。甲骨文和金文中，"尊"字就是双手捧着酒樽的形象，以示进献，说明"尊"这种器物最早就是用于祭祀的，祈求风调雨顺、国泰民安。我们都知道，三星堆作为古蜀文明的代表，出土了大量的面具、人像等。那么，作为中原礼器的典型代表，"尊"为何出现在三星堆呢？一件盛酒的器物，被古蜀国民高高举过头顶，这又说明了什么呢？

　　"一尊还酹江月""金樽清酒斗十千"……这些诗句告诉我们，"尊"是酒杯，盛满了美酒。那么，为何古蜀人的"尊"却装满了海贝和玉器呢？这是不是正好向我们展示了，"尊"作为一种器物，在古代祭祀时扮演的重要角色以及另外一种"打开方式"呢？而作为黄河文明的典型代表器物，"尊"的入川，以及"尊"在三星堆的本土化演绎，恰恰也向我们昭示了古蜀文明是吸纳黄河文明与长江文明后的一次完美融合。也正是这样一次次的融合与发展，才有了我们多元一体、璀璨如星河的中华文明。

微笑的女巫

> **"我和他们相同,又不同"**
>
> 嘿,这句听上去很拽的话是我说的!
>
> 你要问我是谁?我也是三星堆的重要成员。1986 年,我出土于三星堆一号祭祀坑,和我的很多兄弟一样,我也只剩下一个头像了。我知道,你们很多人都管我们叫"奥特曼",说我们看上去怪怪的又夸张。但我还真有点不一样,我比我的那帮兄弟们柔和多了。这么说吧,如果说他们是"漫画风",那我可就是妥妥的"写实风"了。
>
> 我为什么与众不同?我又是谁呢?

微笑的女巫——
青铜人头像
(一号坑出土)

古蜀国的乖妹儿

2017 年年底,北京多条地铁线上出现了一组"国宝级"广告海报,这是为 2018 年推出的纪录片《如果国宝会说话》造势。在望京地铁站,一张端庄的青铜人像面孔引起了人们的注意,更引人注意的是这句话:"说我像奥特曼的,你别走!"

这座青铜头像通宽 20.6 厘米,残高 28 厘米,和之前已经看过的青铜头像相比,它给人的感觉更亲近些。一双漂亮的杏状立眼,高高的鼻梁,蒜头鼻,双唇虽然紧闭，嘴角却微微上扬，似在淡淡的微笑。下颌宽圆，面部丰腴饱满。其头部为子母口形，原套接有顶饰或者戴冠，脑后发际线清晰。和那些顶着一张"生人勿近"表情的头像不同的是，这具头像表情温和恬静。

外形柔美，温柔的杏眼，微笑的嘴角……这一切似乎在告诉我们，这具头像塑造的是个长得乖巧的妹儿。那么，她究竟是谁呢？

她的身份肯定不一般。有人猜测，她是古蜀国的公主。可是为什么要给公主塑像呢？又或者她是巫女？

何为巫女？巫女，又叫巫祝、袾子、祝史，是《周礼》中的掌管礼法、祭典的官职之一，能以舞降神、与神沟通，祭祀社稷山川，通常负责驱邪、洁净、祈雨、祝祷风调雨顺。

这座头像在出土时，其内壁残留有铸成后未去尽的泥芯土，也就是内范（浇铸金属器物的内模）的残迹。很多三星堆出土的青铜头像都有内范的痕迹。其颈部以下明显被火烧过，现在一般倾向于该头像很可能就是古蜀国女巫的形象。

梳大辫子的古蜀汉子

"我有一条大辫子"

"嘿，那个大辫子的姑娘……"

"嘿，您在叫我吗？我可是枚妥妥的汉子。你们是看上我这条又粗又长的麻花辫了吧？的确挺好看的。可能你们也发现了，在我们堆里，有的人和我一样，脑后拖着辫子，有的人呢，头发是束起来的，戴个发簪。这是为什么呢？"

三星堆人都是美发大师

梳着辫子的不一定就是姑娘，头上戴配饰也可能是汉子。

只要你去三星堆看一看就会发现，堆里的人个个都是美发大师。三星堆发现的青铜人头像，装饰、发饰、冠帽等各有不同。

"有比我的脏脏辫还好看的发型吗？"龇着牙的青铜跪坐人像发问了。在堆里，可能他的发型的确是最炫酷的，但还真有人喜欢另外的发型，比如其中就有一尊平顶冠独辫人头像。

这尊青铜人头像梳着又长又直的麻花辫。那个时候有我们现在这样简便的辫发工具吗？不太清楚。不过，

二号坑平顶冠独辫人头像

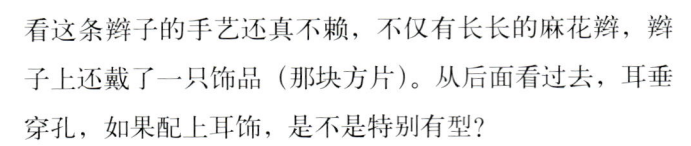

看这条辫子的手艺还真不赖，不仅有长长的麻花辫，辫子上还戴了一只饰品（那块方片）。从后面看过去，耳垂穿孔，如果配上耳饰，是不是特别有型？

辫发工具有没有不知道，但是他们有笄。笄（jī），简单说来，就是一种盘发工具，不仅可以固定发髻，也可以固定冠帽。早在新石器时代，笄发就已经很普遍了。商周时期，男女都用笄，三星堆人的笄发水平怎么会低呢？他们可是动手能力超强的四川人啊！不信你看，有头顶盘成麻花状的，有脑后扎了个"蝴蝶结"的……不难看出，堆里人各个心灵手巧。

除此以外，三星堆还有一类人，直接将头发梳于头顶，戴上各式各样的帽子，这好像更加简单省事。

不同的发型，不同的族群？

三星堆人，哪些人编辫子，哪些人戴帽子，其实是有规律可循的。平头的一般就留着长长的辫子，而圆头或者戴帽子的，头发都会束起来。当然，也会有特别跳脱的。比如在2022年春晚亮相过的立发青铜人像，头发梳得就像诸葛亮戴的纶巾，很是酷炫。难道不同的发型代表了不同的族群吗？还真不好这么轻易下结论。毕竟，如果只看正脸，他们都是差不多的面孔。

那他们和我们一样，每天都在折腾发型吗？这倒未必。虽然他们个个都是发型高手，但未必实现了"发型自由"。

专家通过研究发现，三星堆里但凡笄发的人像，满脸都写满了神秘，衣饰华丽，不容接近，最具代表性的就是青铜大立人，绝对的高冷范儿。而梳着长辫子的青

商代鸟首玉笄

立发青铜
立人

铜人则给人感觉亲近得多,虽然浑身上下透着一股不容置疑的贵气,但他们一般神情比较放松。简单来说,前者像是身负重任,承担、主持仪式职责,是"演戏"的人;而后者则更像是某种仪式的旁观者,是"看戏"的人。

那他们到底是谁?又是什么身份呢?专家推测,"花样多"的笄发人群应该是神职人员,他们负责从事宗教活动,是负责神权的祭司、巫师;而辫发人群,则可能执掌社会中政治、经济、军事等世俗事务,类似于政治首领或者"王族"。他们各司其职,所以发型还真不是想怎么换就怎么换的!

我们都知道,商朝是一个神权与王权并存的朝代,拥有王权的人需要依靠神灵世界来支撑国家机器的正常运转,神灵是王族们的一道护身符、保护伞。也就是说,笄发人群和辫发人群在这时还没有出现谁凌驾于谁之上的局面,他们都是上层社会的人。

戴发笄青铜人头像(二号坑)

然而,与三星堆文明一脉相承的金沙文明却打破了这样的格局。专家们从金沙出土的文物中发现,三星堆的笄发人像在这里神奇消失了,只剩下拖着大辫子的辫发人像。从他们的姿态造型来看,他们也不再是"袖手旁观",手势和三星堆的青铜大立人如出一辙。专家推断,金沙时期的古蜀国,神权和王权已经合二为一,辫发人群站在了"金字塔"尖。

没想到,三星堆人像的发型也隐藏了这么多秘密。我们现在所知道的,也仅仅是专家们的一些推断和猜测,到底这背后还有多少深意呢?随着三星堆研究的层层推进,让我们边走边看吧!

头顶编发青铜人头像(二号坑)

第三章
天马行空的"三星堆器物"

来三星堆，就是让你来"大开脑洞"的！没有古蜀人做不到的，只有你想不到的。天马行空的想象力，让三星堆文物一出土就"出圈"。

　　接近4米的青铜大神树，刻着"飞鸟和鱼"的金杖，有着"千里眼、顺风耳"的青铜面具……一件件出土文物让你目不暇接，一个个问号在心头绕来绕去。还有比三星堆出土器物更令人惊诧的吗？如果有，那估计就是三星堆出土的下一批文物吧！

一根金杖的"前世今生"

有一个来自远古的美丽传说。

相传,有两大部族,一个以飞鸟为图腾,一个以鱼为图腾。鱼部落有一位美丽善良的公主,飞鸟部落有一位俊朗潇洒的王子。一场相遇,飞鸟王子和鱼公主相爱了……一个在天上,一个在水底,这场相爱注定没有结局。他们的爱情也不为部族所容。这世界上最远的距离,莫过于飞鸟和鱼的距离吧!于是,飞鸟王子决定带着鱼公主私奔……这一切,被一根金杖的杖灵看在眼里,杖灵决定帮助他们。但是,杖灵实在太单纯了,中了鱼部落首领的计,无意间泄露了飞鸟王子和鱼公主的行踪。飞鸟王子倒下了……痛不欲生的鱼公主随即自刎,倒在了心爱之人的身旁。部族首领痛心疾首,从此,两个有着世仇的部落结成联盟,这就是古蜀国的鱼凫王朝。而金杖最终运用它的魔力,使两个年轻人复活……

一枚彩蛋——金杖出土

飞鸟和鱼的爱情传说有很多个版本,这个有金杖的版本应该是其中结局最完美的一个。传说中神通广大的金杖真实存在吗?又在哪里呢?

1986年的夏天,三星堆"抢救式"挖掘工作接近尾声，这个时候，一枚令人惊喜的"彩蛋"出现了！

在一号坑的西部边缘，一个黄金色的物体露了出来。当年参与三星堆一、二号祭祀坑考古工作的陈显丹极力压抑自己的兴奋，暗自揣度："应该是黄金。"旁边的民工也好奇地问他："小陈老师，这是不是金子哟？"出于职业的敏感和警惕，陈显丹编了一个善意的谎言，他告诉民工朋友，不是金子，是黄铜。

三星堆金杖

"1986年7月30日凌晨2点30分，当我在（一号）坑的西北壁的中部用竹签和毛刷清理时，突然一点黄色的物体从黑色灰渣中露了出来，我继续清理，发现它是黄金制品，再继续清理下去，发现上面刻有鱼纹，再继续，发现上面还有其它的纹饰，而且弯弯曲曲越来越长。

此时我开始紧张起来，心想这可能是古蜀王的一条'金腰带'，为何这样想呢，因为在此之前，曾在什邡发现了一条十二生肖的金腰带，故有此想法。此时此刻，我一方面为这一重大的发现而感到高兴，另一方面又为这一发现感到紧张。"

——摘自陈显丹《三星堆遗址一、二号祭祀坑发掘日记》

当清理工作完成后，一根一米多长的金器第一次展露在人们面前。金器仅为一层薄薄的金皮，卷成圆柱状，

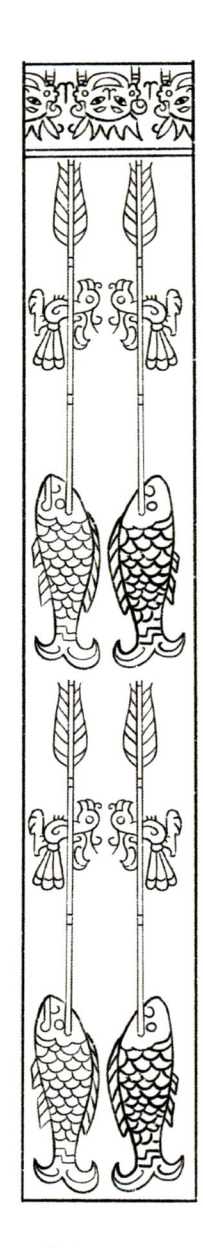

里面残留有碳化的木渣。考古队员们这才恍然大悟，原来这是一根金皮包裹木棍的金杖！

这件刻有黄金雕饰的权杖，是我国考古史上第一次发现的黄金手杖，之后被称为"三星堆金杖"。

"飞鸟和鱼"，权利的象征？

三星堆金杖，长143厘米，口径2.3厘米，重约463克，是已出土的中国同时期金器中体量最大的一件。这根金杖的主人是谁？它为什么会出现在三星堆呢？

自古以来，黄金就是稀世珍宝，黄金打造的权杖，在中国更是前所未见。看来它的主人非同凡响。

看过西方一些反映宫廷生活电影的朋友都知道，权杖，是西方王室权力的象征。英国女王伊丽莎白二世在出席重大活动和仪式时都有宝石金杖加持。在地中海沿岸的古希腊文明、古埃及文明、古巴比伦文明及其他西亚文明中，均有以杖形物作为神权、王权等最高权力象征的文化现象。而同时期的中国黄河流域的中原王朝，则以"鼎"作为最高国家权力象征，"一言九鼎""问鼎中原"说的就是这个意思。

所以这根金杖的出现让三星堆更加神秘。虽然出土于中国四川，却和同时期的中原文化大相径庭，难道三星堆人真的不是中国人？三星堆文明来源于西亚文明吗？

所幸，这并不是一根光秃秃的金杖，它上面镌刻着解开金杖"身世之谜"的通关密码。

金杖一端，有长约46厘米的一段图案，共分三组。下方是两个头戴五齿巫冠、耳戴三角形耳坠的人头像，

金杖图纹样

带着一丝神秘的微笑。另外两组图案相同，其上下方分别皆是两背相对的鸟与鱼，在鸟的颈部和鱼的头部叠压着一支箭状物。也有学者认为那不是箭，而是"穗形物"，并由此推断当时的三星堆已经开始种植水稻。2021年，在三星堆遗址考古现场，又发现了碳化的稻米种子，为古蜀先民种植水稻提供了实证。

那么，金杖上这些来自几千年前的图案想要给我们传达怎样的讯息呢？它们是族徽？还是某种宗教符号？有学者认为，图案中"鸟"和"鱼"是一个叫作"鱼凫王朝"的标志和徽号。鱼凫王朝，难道就是传说中"飞鸟和鱼"爱情的结晶吗？鱼凫王朝真的存在过吗？历史上，关于古蜀国蚕丛和鱼凫的记载非常少，成书于晋代、记载我国西南地区历史的《华阳国志》中有这样一段话："有蜀侯蚕丛，其目纵，始称王。次王曰柏灌。次王曰鱼凫。"后来，唐代大诗人李白在《蜀道难》中也写道："蚕丛及鱼凫，开国何茫然。"没有确凿史料，李白也在感叹蜀国是如何建国的！直到今天，鱼凫王朝

金杖上刻画的"飞鸟和鱼"

仍然还是一个未解的谜团,关于金杖上"飞鸟和鱼"的象征意义也众说纷纭。除了鱼凫王朝图腾说之外,有的学者认为,鱼翔浅底,鸟翔天际,金杖上的鱼鸟图象征着上天入地的能力,是蜀王借以通神的法器。如此说来,这根金杖的主人很有可能就是鱼凫王。

不管这根金杖是"王杖""法杖"还是"祭杖",可以肯定的是,它既被赋予了宗教的神权,又被赋予了世俗的王权,是政教合一的象征,不同于同时期中原文化以鼎作为国家权力的最高象征。有专家推测,这可能和古蜀国与西亚近东文明的交流和借鉴有关。

如果真是这样,一个原本我们以为的深居内陆的部族,在3000多年前就已经和西方有了文化交流甚至贸易往来?一个神秘莫测的神权政体,却有着和中原文化迥异的地域特色。三星堆,到底还有多少秘密是我们不知道的呢?

你好，树先生

尽管你可能已经在电视上看到过它很多次，但只有站在它面前，仰视着它，才能真正震撼于它的高大精美。如果这世界上真的有魔法树，那眼前这棵一定是！

它是谁呢？它就是三星堆博物馆的镇馆之宝——一号青铜神树，身高是3.96米，周身呈青铜色。可你知道吗？在3000多年前，它可是黄灿灿的金铜色，是一棵散发着金色光芒的大树。

三星堆为何有这样一棵神树呢？这莫不是一棵巨大的摇钱树？

青铜神树什么样？

摇钱树是这个样子吗？摇钱树，是东汉至三国时期以成都平原为中心的西南地区流行的一种特殊的陪葬用品，因该器物上装饰大量方孔圆钱而被学术界命名为"摇钱树"。摇钱树虽然也是巴蜀大地的文化产物，但它出现的时间比三星堆青铜神树晚。算起来，"摇钱树"应该叫"青铜神树"一声"祖祖"。

迄今为止，三星堆遗址出土的几棵青铜神树中，最完整的是1986年二号祭祀坑出土的"一号神树"。三星堆一号青铜神树没有摇钱树的方孔圆钱，却站立着9只

东汉摇钱树

第三章 天马行空的"三星堆器物"

神鸟，还挂着 27 枚果实。这么高大精美的造型，看上去也不像是用来挂"红包"的。说了半天，青铜神树到底什么模样呢？

1986 年的夏天，当考古队员们发现它时，它还是 2000 多块散落的到处都是的碎片，树枝和树干碎成了 20 多段……由于破坏得非常严重，大家在看到它们的第一眼时，并不知道这些碎片都属于同一件物什，也无法想象物什的原貌是如何的。修复神树是一项繁复而巨大的工程。经过文物修复专家十多年的不懈努力，我们才得以和来自 3000 多年前的它面对面。

可惜的是，虽然经过修复，神树的树顶还是避免不了地残缺了。有专家推测，现残高 3.96 米的青铜神树在被毁坏前，应该有约 5 米高。不过没关系，哪怕有些残缺，也不妨碍它成为中国现存最大的单件青铜文物。这么高的一株青铜树，并不是一体浇铸成型的，而是由底座、树和龙三部分组成，采用分段铸造法铸造。

从下往上看，基座由三面弧边三角状镂空虚块面构成，仿佛三座山相连，座上有⊙纹和云气纹；树干笔直提拔，似要冲破云霄。树分三层，每层有三条树枝，一共九条，分别位于神树的根部、中段和树尖，枝条如柳枝一般柔和下垂。枝条中部伸出短枝，短枝有镂空花纹的小圆圈和果实（一说花蕾）。果枝上立神鸟，全树共二十七枚果实，九只鸟。仔细看，九只鸟的翅膀都已折断。有专家分析，它们或许担负着同一种使命。在一侧树干上，还有一条缘树逶迤而下的铜龙，头部上昂，前足支撑于底座，脖颈上似有翅膀，身似绳索。这些

一号青铜神树

都是我们现在肉眼可见的。那么,最上面缺失的部分会是什么呢?是太阳?又或者是一只神鸟?

在三星堆,请尽情发挥你的想象力。

实物版太阳神鸟传说

三层神树,九只神鸟,还有龙,怎么看都不像一棵平凡的树。那么,古蜀先民为什么要耗费巨大的人力物力打造这样一棵青铜神树呢?我们能从其他地方找到这棵树的蓝本和根源吗?

突破口还得从树和神鸟身上去找。我们都知道,金沙遗址与三星堆遗址在祭祀文化上是一脉相承的,金沙遗址最负盛名的文物即太阳神鸟。这说明古蜀人十分崇拜太阳。那么,三星堆青铜神树上的神鸟是否就是太阳神鸟呢?铜树的底座上铸饰的☉纹与云气纹,专家解释,那是象征太阳的。假设九只神鸟就是太阳神鸟,为何会同时栖息在这一棵树上呢?我们要从哪里破解这个谜呢?

一层层的问题,将我们引向中国古代的一部奇书——《山海经》。这本书里记载着上古地理、历史、神话、天文、动物、植物、医学、宗教以及人类学、民族学、海洋学和科技史等诸多方面的内容,许多找不到头绪的问题,或许都能在这里敲开一扇门。

《山海经》中记载着一种树,叫扶桑树,是古代传说中的神树。《山海经·海外东经》有曰:"下有汤谷,汤谷上有扶桑,十日所浴,在黑齿北。居水中,有大木,九日居下枝,一日居上枝。"这是什么意思呢?黑齿国的下面是汤谷,汤谷有一棵扶桑树。在黑齿国北,是十

神树铜龙线稿

传说中的扶桑树

个太阳洗澡的地方。大树生长在水中,九个太阳住在下枝,一个太阳住在上枝。这些描述难道不是跟三星堆的一号神树极其相似吗?按照这个说法,我们是否可以猜测,三星堆出土的青铜神树就是传说中的扶桑?

西汉淮南王刘安及其门客编写的哲学著作《淮南子》中也有相关的记载:"若木在建木西,末有十日,其华照下地。"若木和建木都是中国古籍中的神树。建木是众帝上下天地的梯子,也是太阳在正午时经过的神树。若木在建木以西,是太阳落下的神树。扶木,即扶桑树,则是太阳出发的神树。十个太阳一天一个轮流从扶桑树升起，经建木，在若木落下，然后再经地下回到扶桑树，所谓"一日方至，一日方出"，循环往复，亘古不止。

这十个太阳又没有长脚，也没有翅膀，它们在古人眼中，是如何到天上去"上班"的呢？《山海经》里又说，"皆载于乌"，意思是由飞翔于天宇的神鸟驮着飞上去的。在中国古代神话里，神鸟将太阳送上天后，就蹲踞在太阳中央，周围是金光闪烁的"红光"，因此，太阳有了一个别称："金乌"。每天清晨，神鸟驮着太阳从扶桑树升起，晚上落到若木树上休息。每天值班的只是一个太阳，剩下的九个在树上休息。看来，居最上枝的就是马上要轮到班的太阳。这样的描述，让我们把目光又挪回三星堆一号青铜神树上。如果一号青铜神树就是传说中的扶桑树，那么它顶上缺失的一部分是不是就是准备出发的第十只神鸟，或者说神鸟恰巧已经驮着太阳"值班"去了呢？

上下天地的天梯？

你注意到三星堆博物馆青铜神树展示台顶部的光影设计了吗？看上去似乎有些魔幻色彩呢！

三星堆过往的考古经验隐隐告诉我们，一号青铜神树是古蜀先民太阳崇拜的产物，但一定不只是这样。比如，神树上的果实和铜龙，又想传达给我们什么讯息呢？据史料记载，神树建木上有"花果与黄蛇"。据说，建木是诸神往来天地的天梯，飞龙则是神仙们的坐骑，黄帝就曾骑在龙背上升天。神灵借助此树降世，巫师则借此树登天。树间攀缘之龙，有可能就是巫师的驾乘。

参天大树，不仅在中国，在全世界各大神话中，都是天地灵物。比如最著名的北欧世界树，在北欧神话中构成了整个世界。这棵神奇的白蜡树，高达天际，树上衍生出九个王国。也许在古蜀先民心里，我们眼前的这棵青铜神树也充满了神秘的力量。或许，它就是连接天地的神奇天梯。树顶之上，会不会就是传说中的九天之外呢？

专家称，古蜀先民崇拜太阳，三星堆神树应是古代传说中扶桑、建木等神树的复合型产物，它们的存在是为了"通天"。神树是上古先民天地不绝，天人感应，人天合一，人神互通之神话意识的形象化写照，是中国宇宙树最具典型意义和代表性的伟大的实物标本。

现在，你可以理解三星堆博物馆神树顶部的特别光影设计了吧！神树斑驳的影子投射在天花板上，仿若花枝延展连天，飞鸟仰望苍穹。

每一棵神树都有神秘色彩

1986年三星堆两坑出土的神树不止这一件，但是其他的神树就没有一号神树这么幸运了。已经修复完成的二号神树仅保留有下半段，"身高"也大幅缩水，树干残高1.42米，通高1.936米。它的底部是山形底座，这一点与一号神树相似。但也有不同，比如，底座上多了跪坐人像，人像的手已经没了，双臂向前平抬于胸前，似乎原本拿着什么东西。树干也并非如一号神树的树枝一样往下垂，而是外张并且上翘的，神鸟立在枝头花蕾的叶片上。

2019年，70多截青铜残件在出土30多年后，修复工作正式展开。这就是神秘美丽的三号神树。现在，我们已经可以一睹神树初步"生长"出来的芳颜。青铜树座上，主干两两缠绕，向天际蔓延，婀娜多姿。它的枝条妖娆地伸展着，像一棵"跳舞的神树"。这样的姿态，和一、二号神树有很大区别。当然，最吸睛的还是树顶上，神秘的人首鸟身像振翅欲飞，精美的尾翎高高翘起……那么，这又是谁呢？当年负责发掘两坑的陈德安与陈显丹似乎已经有了答案：句芒 (gōu máng)。在中国古代民间神话里，木神句芒就是这般人首鸟身。句芒的权力可大了，不仅管着树木的发芽生长，也管着神树扶桑，连带着太阳升起的那片地方也在他的管辖范围内。如此说来，句芒站在扶桑树上就顺理成章了。这是不是又为三星堆神树是拟扶桑树之态添了一实证呢？

一再出现的神树，至少可以说明，三星堆先民对太阳和神树的崇拜。从《淮南子》到《山海经》，再追溯到三星堆神树，再到河姆渡时期，鸟、太阳结合的纹样的器物"双凤朝阳"……中华大地，神树与太阳的神话一直流传。这恰恰说明，三星堆文明是中华文明的一部分。正如中国国家博物馆考古院院长、研究馆员戴向明所说："中华文明的起源是多元的，但中华文明进程是趋向一体的。三星堆文化不可能自外于中华文明这个大的谱系。它的独特性和与中原有千丝万缕的联系，恰恰证明了中华文明起源'多元一体'的特质。"

三号神树

河姆渡遗址的双凤朝阳图案

太阳轮、青铜鸟，
"代表我对太阳的心"

如果说，青铜神树述说着古蜀先民对神树和太阳的崇拜，那么，其他青铜器物又想告诉我们什么呢？它们当中，有的很奇怪，有的很可爱，听说，它们都跟太阳有关系。

不可思议的"方向盘"

神奇的三星堆，出土的大量文物都让人摸不着头脑，任凭我们如何挖空心思都猜不到它是做什么的，但是有一件器物，或许会让你忍不住尖叫："呀，这个东西我见过！"

青铜太阳轮形器

这一坨看起来笨重的青铜器造型，极具现代感。有人说："这是古蜀人的车子方向盘吧！"也有人说："这看上去更像是宇宙飞船的方向盘！"还有人说："这怕是青铜车的车轮吧！"……

你们确定？难道，三星堆古蜀先民就已经开上带方向盘的车了？还是说他们是集体穿越回3000多年前的？莫不是真有外星人吧？！

那么，它到底是什么呢？古蜀先民拿它有什么用？

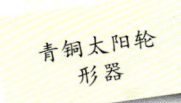

虽然这件器物看起来很具象，规规整整，但我们不妨抽象地观察它。小时候，我们是如何画太阳的呢？先画一个圆圈，再从圆圈出发，画几条向外发散的直线，代表太阳的光芒。那么，眼前这个文物是不是也代表太阳呢？

现在，这件文物的正式定名即青铜太阳轮形器。1986年出土于三星堆二号祭祀坑。和其他出土的文物一样，这些太阳形器也被砸碎并经火焚烧。从残件中只能识别出六个个体，经修复复原的两件太阳形器的直径均在85厘米左右，构型完全一致。2021年，三星堆遗址祭祀区也有类似器物发现。这种形制的器物从未见于以往的出土文物中，因其与同坑出土的铜神殿屋盖上的"太阳芒纹"的形式相似，器物正中凸起的阳部又与铜眼形器、铜眼泡构型接近，其整体图像特点也与四川珙县僰人悬棺墓岩画及我国南方地区出土的铜鼓上的太阳符号颇为相像，因而被命名为"太阳形器"。

虽然已被命名为青铜太阳轮，但学术界对于这件文物依然持有其他的声音。比如，有人提出，这是不是一件古蜀人的防御盾牌？虽然看上去是有点像那么回事，但是如果真的用作防御工具的话，这孔隙也太大了吧！根本起不到抵御的作用啊！还有专家提出疑问：如果它真的是盾牌，其背后应该有把手，其重量应该能让一个成年男子轻易举起来。但是这件青铜器很重，也没有可以手持的把柄。再加上三星堆出土的文物大多是礼器，未曾出土过兵器，所以，"盾牌说"真的需要打一个大大的问号。也有专家提出"车轮说"，认为其中心部分是轮毂，放射形条状物是车辐，外圈是轮圈。当然，多数意见还是认为这是太阳形器。正中间突起代表太阳，放射的五条线代表着光芒,外围的圆圈代表太阳的光晕。那么,古蜀先民为何要制作这样一件太阳形器呢?这还要从古蜀人的太阳崇拜说起。

驮着太阳的青铜鸟

一号青铜神树上有九只青铜鸟,它们可不是一般的鸟儿,是驮着太阳去上班的"打工神鸟"。三星堆的鸟几乎都站在青铜神树上,它们长什么样子呢?所谓"堆里大了,什么鸟都有。"三星堆的鸟,一个赛一个好看呢!

三星堆一、二号祭祀坑出土鸟形文物有100多件,其中,青铜鸟造型最是精美!最大的一件,被定名为"青铜大鸟头"。高40.3厘米,造型古朴简洁。圆圆的大眼,紧闭的勾喙,据说,在出土时勾喙口缝和眼珠周围还有红色朱砂。鸟头昂首肃穆,自带强大的气场。

如果说这只大鸟头是写实鸟,那么堆里还有不少"艺术鸟"。这些"艺术鸟"真是堆里的颜值担当,它

青铜大鸟头

青铜鸟

青铜鸟

们有着华丽羽毛,其冠羽和尾羽看起来似乎还有点像孔雀。有的嘴里还叼着铃铛。试想当年,它们立在青铜树上,在太阳光的抚慰下,是多么耀眼高调啊!

三星堆人绝对是爱鸟一族。他们到底有多么爱鸟呢?这么说吧!来看看几代古蜀王的名字就知道了——鱼凫、柏灌、杜宇,都跟鸟有关。嗯,这简直不能单纯地说是爱了,应该上升为信仰!鸟,被三星堆古蜀先民奉为神灵和先祖,同时也是他们的图腾崇拜物。除此之外,是否还有点别的原因?

你看这些鸟,任劳任怨,驮着太阳东升西落,一天不落,从无怨言。再看看它们的胸前,几乎都有火焰的标志。古时,人们认为太阳即火。看来,三星堆的铜鸟和太阳有着不得不说的故事。

翘立枝头,张开翅膀,抖擞精神,拥抱太阳。这就是三星堆青铜鸟。

太阳崇拜的象征

上古社会，生产力水平低下，凡是能给予人们希望和力量的，都会被赋予神秘的色彩。太阳，带来了光明、温暖，万物生长都依赖它，因此成为全世界各民族先民的崇拜对象。比如，埃及神话中的太阳神拉，希腊神话中的太阳神赫利俄斯等。在中国的《山海经》中也出现了太阳女神，她的名字叫羲和。"东海之外，甘泉之间，有羲和之国；有女子名羲和，为帝俊之妻，是生十日，常浴日于甘渊。"羲和是十个太阳的母亲。战国之后，流传着羲和驾车送太阳值班的传说。

在中国历史上，还流传着"后羿射日""夸父追日"这样的神话传说。不过，这两则神话好像是跟"太阳崇拜"反着干的。因为它们讲的是因为太阳导致万物焦枯，人们渴望日柔雨顺的故事。据说，这两则故事一个发生在江苏，一个发生在河南。为什么跟蜀地流传的太阳神话大相径庭呢？这样的怪现象其实还是跟不同地域的自然环境有关。

巴蜀地区云雾多，湿度大，常年不见阳光。每当太阳一出来，这里的狗就要欢喜地叫嚷。"蜀犬吠日"不仅是当地人的揶揄，也是客观事实的反映。所以在这里，流传着类似《两兄妹守日月》这样的祈日、护日神话。如今，在四川地区的广为传唱的现代民歌《太阳出来喜洋洋》同样也反映了这一方水土的百姓见到太阳时的欢快心情。

太阳带给人们希望和盼头。盼太阳，崇拜太阳，就这样成为古蜀先民的一种信仰。三星堆博物馆馆长雷雨说："文明起源之时，农业作为生产主要方式，非常依赖

羲和

太阳。古蜀先民很早便对太阳产生了复杂的情感。三星堆太阳轮可能就是这一情感的见证。"在三星堆出土的其他青铜器上面，也能看到象征太阳崇拜的太阳纹。而和三星堆文明一脉相连的金沙遗址，同样出土了外径0.12米的"四鸟绕日"金箔，直接以12条涡状牙纹象征太阳，与三星堆的青铜太阳轮有异曲同工之妙，也让我们联想到"金乌负日"的美丽传说。

金沙遗址"四鸟绕日"金箔

虽然已经经过了3000多年的岁月洗礼，当我们现在看到青铜太阳轮时，依然还能感受到古蜀先民在铸造它时是何等的用心。这样规整的圆形，这样极致的五等分，完全超乎我们的想象。为了做到这一点，古蜀人付出了多少努力？他们对于数学奥秘的掌握，又达到了何种水平？一个又一个的未解之谜依然等待我们去深挖和细品。3000多年前，青铜太阳轮或许常年被供奉在古蜀国的神庙中，又或者在举行祭祀仪式时，被钉挂在某种物体之上，作为太阳的象征，接受人们的顶礼膜拜。

青铜鸟一梦初醒，人间早已变了模样。太阳依旧东升西落，只是不知"被迫下岗"的神鸟心中是何种滋味。或许，它的存在只是为了提醒我们一个过去曾真实存在的古蜀国，一群心向光明的古蜀人曾经来过。

这个世界上有什么是永恒的吗？或许太阳是，信仰也是。

"千里眼、顺风耳"
——最特别的青铜面具

1986年的夏天,广汉异常炎热,挖砖工人在三星堆附近划水时,意外发现了一块散碎的玉石,很快引来了四川省考古队的关注,随后开始了一场"抢救式"的发掘工作。一件神奇的"巨物"露面了……

"这是什么?"

"从来没有见过。"

"看上去有100多公斤吧!"

……

五六个工作人员在众人惊诧的目光中将这个庞然大物抬了出来。

一开始,大家看到的都是这个"巨物"的背部,因

青铜纵目面具

为它是倒扣着埋在地下的。三星堆博物馆文物修复人员敖金荣回忆："一开始，大家都以为是把椅子。"直到清理工作完毕，人们才看到它的真容：好一个"千里眼，顺风耳"！

那一双似要飞翔的是翅膀吗？不，这仅仅是一双大大的招风耳。那两个向前伸展的圆柱体又是什么？居然是极度夸张的眼球！额头正中还有一方孔，这又是用做什么用的？是二郎神的第三只眼睛吗？来到三星堆，你的想象力可以尽情发挥！

独特眼睛的部族？

这件神奇的宝藏现在的正式文物定名是"青铜纵目面具"。高66厘米，宽138厘米，上挑的眉尖，斜长的双眼，眼球呈柱状向前纵凸伸出达16厘米；双耳向两侧充分展开；短鼻梁，鼻翼呈牛鼻状向上内卷；口阔而深，口缝深长上扬，似微露舌尖，就像在神秘的微笑。额部正中有一方孔，专家分析说，或许是原补铸有精美

青铜人面具

的额饰。那么，它到底代表着什么呢？如此造型怪异夸张的五官，难道就是3000多年前古蜀人的样子吗？而相比于其他青铜造像更加突显的双眼，又是为什么呢？

很遗憾的是，辉煌的三星堆文明至今没有发现文字信息，那么我们要从哪里找到突破，寻求答案呢？千里之外殷墟出土的甲骨文中发现了20多种上部形似大眼睛的字，有专家认为，这就是"蜀"字，说的是南方一个名为"蜀"的古国。难道，这里生活着一个拥有独特眼睛的部族吗？

好奇的人们从"科学"的角度出发提出疑问："三星堆人是不是有甲亢？"因为眼睛外突正好是甲亢病人的特征。甚至真的有人考证说，远古时期，生活在岷江上游山区的人长期缺碘，普遍患有甲亢。假设这个推断成立，古蜀人普遍都有甲亢，那么，为何青铜纵目面具的眼睛比其他的铜像夸张这么多呢？这具面具的原型到底是谁呢？

鼓眼睛的蚕丛？

《华阳国志》记载："周失纲纪，蜀先称王，有蜀侯蚕丛，其目纵，始称王。"短短的一句话，信息量却很大。蚕丛是蜀国最早的统治者和称王的人，"其目纵"，这个记载很久以来都让人匪夷所思。

纵目到底是什么意思呢？是有第三只眼，像传说中的二郎神一样？或者说在眼睛上刺青？又或者是眼睛向外凸出？长久以来，人们无法猜测，甚至无从想象。直到1986年，三星堆二号坑青铜纵目面具的出土，才让大家恍然大悟，原来纵目是这个样子啊！

那么，青铜纵目面具的原型就这样锁定蚕丛了吗？这个时候，中国上古神话中另外一个"直眼球"的神级人物出场了——它就是人面蛇身，掌控天地明晦的天神烛龙。

烛龙相貌奇伟，神通广大，开眼为昼、闭眼为夜。郭璞在注解《山海经》时提出，烛龙给天地万物带来了光明，可能是太阳的化身；袁珂的《山海经校注》则写道，烛龙是中国神话里最早的创世神，可能是"盘古开天辟地"神话的原型。联想到古蜀文明以及三星堆文化中的太阳神崇拜，那么，将纵目面具的原型想象成烛龙是不是更贴近一点呢？

作为古蜀国第一位王，蚕丛又有哪些过人的本领呢？传说，他"衣青衣，劝农桑，创石棺"，他不是传说中神通广大、触摸不到的神话人物，而是一位实实在在地铸就了古蜀国辉煌历史的领军人物。他是一位养蚕专家，人们感其德，将其奉为"蚕神"。

经过研究，专家认为，"蜀"的上部即为"纵目"，下部为"蚕"，其本意为"纵目之蚕丛"。在蜀地流传着一个故事：蚕丛称王，开创蜀国，教习民众种桑养蚕。每年，他都会给每户人家送一只自己驯养的金头蚕，这只金头蚕会大量繁殖。渐渐的，蜀国民众开始开市交易。后世，如《儒林外史》《民国新修合川县志》等书皆以"蚕丛之境"代称蜀地或四川。2021 年 3 月，在三星堆最新发掘的祭祀坑中，发现了祭祀用的丝绸。因此，我们有理由推断，养蚕专家蚕丛就是"蜀"的化身。

蚕丛

烛龙

至于蚕丛的"纵目",或许只是塑造者对他的一种"神化"创造和夸张处理罢了!别忘了,大诗人李白曾经写道:"蜀道之难,难于上青天。"蜀地自古以来就是一方闭塞的、充满神秘色彩的土地。这里的人们久居盆地,常年见不到太阳,甚至有了"蜀犬吠日"的生动描述。或许是蜀人盼太阳,望眼欲穿,就把眼睛盼成了"纵目"。又或者说,这仅仅是一种夸张的想象。古蜀人寄希望于他们仰仗的蜀王能够眼观六路、耳听八方,带领他们穿越重重迷雾,看到更远的世界。

当然,三星堆的历史过于神秘,我们现在仍然无法完全断定纵目面具的原型到底是谁?除了蚕丛和烛龙论外,尚有几种不同意见:它是单纯的兽面具吗?它左右伸展的大耳是杜鹃鸟的翅膀吗?它有没有可能是古史传说中死后魂化杜鹃鸟的第四代蜀王杜宇吗?它是太阳神形象吗?专家认为,这件面具既非单纯的"人面像",也不是纯粹的"兽面具",而是一种人神同形、人神合一的意象造型。巨大的体量、极为夸张的眼与耳都是为

蜀犬吠日

强化其神性，它应是古蜀人的祖先神造像。

一双纵目，似乎在告诉我们，3000多年前的他们，对未知世界的极度渴望。或许，这就是他们想要塑造的"神之眼"。他们不是外星人，只是努力想要看得更远的古蜀先民。

青铜纵目面具，三星堆的氛围担当组

除了青铜纵目面具，三星堆的纵目家族还有其他两位成员，都出土于三星堆二号坑。其中有一枚头上顶着一条龙，被称为"青铜戴冠纵目面具"。面具高31.5厘米、宽77.4厘米，通高82.5厘米，出土时，眉眼还有黛色描绘，口唇则涂着朱砂，在三星堆各类人物形象中颇为突出。大眼睛、大耳朵是纵目家族的"标配"，而这件青铜戴冠纵目面具最特别的还是额间向上、高约70厘米的装饰物。有人说是冲天的卷云；也有人说是欲腾飞的夔龙。真真一个霸气侧漏，奇特威风！

超现实主义面具大集合

除了纵目面具，这种极具氛围感，甚是神秘诡谲的造型面具外，三星堆还出土了二十多件青铜面具，尤其是2021年6月新鲜出炉的三号坑巨型青铜面具，宽130厘米，高75厘米，重131斤，是三星堆出土迄今体量最大、保存最完整的青铜面具，还在2022年的央视春晚上惊艳亮相，震撼众人。有网友感叹道："以前我以为能戴在脸上，后来才知道能坐在里边。"

三星堆的这些面具有一些共同特点，一般在两侧上下及额中部分有方形穿孔，推测是面具铸成后补凿的。

青铜戴冠纵目面具

第三章 天马行空的"三星堆器物"

青铜人面像

就因为这些方形穿孔，人们推测这些"分量"十足的面具并不是用来佩戴，而是被悬挂起来供人膜拜。但是据专家考证，面具上的穿孔未有磨损痕迹，应该不曾悬挂过。于是又有人推测，这些面具可能是祭祀时巫师捧着跳巫舞、做法事的，体型大的面具则是几人抬着。不过更多人倾向于，这些面具是装饰在泥塑或者木雕神像或者建筑物上的，穿孔主要起固定作用。

看这些面具，说好听点是"威风凛凛"，难听点则是"诡谲冷峻"。至于为什么会摆出这样一副"臭脸"？面具，在中国古人看来，能"存亡者魂气"。所以巫师戴上面具做法事，能招引先祖显灵或者能让上神降临。作为祭祀祈祷和呼唤神灵的"工具"，甚至还有可能代表神灵，这些面具当然得把严肃的气氛搞起来。

心有多大，想象的世界就有多雄奇广阔。古蜀先民的精神世界，比我们看到的更加深远、深邃。

神坛神坛，请赐福

3000多年前的古蜀先民过着怎样的生活？枯燥，乏味？那你可能有点想当然了！吃火锅、玩音乐，人家也是物质和精神文明的双丰收呢！除此之外，还有哪些生活场景让我们现在看起来也有些似曾相识呢？

2022年，三星堆八号坑发掘现场，惊现工艺复杂又极具现代感的青铜神坛。暂且不论神坛的整体构架，且看看竟有四名身材壮硕、肌肉发达的力士抬着轿子，嘿，这不就是四川的抬滑竿嘛！

八号坑神坛

抬滑竿的三星堆人？

到过峨眉山的朋友都知道，要是爬山爬不动了，身后总有吆喝声："坐滑竿的不？"滑竿，是一种流传在西南地区的传统的"交通工具"。两根又厚又粗壮的长竹竿绑成担架，中间是竹制的躺椅，前面还有脚踏。两个人一前一后抬着坐在里面的人，夏天给你撑把伞，冬天还给加个厚实的坐垫。竹竿嘎吱嘎吱地响，坐在里面一颠一颠的，你说安逸不安逸？

除了峨眉山，四川的青城山、西岭雪山、碧

滑竿

峰峡，重庆武隆山区等地，滑竿也是一景。所以，当三星堆八号坑这个也有着"抬滑竿"的神坛出土时，三星堆遗址考古研究所所长、执行领队冉宏林甚至还在社交平台上调侃："我现在比较担忧，8号坑神坛出来之后普通公众会质疑我们造假？实在难以想象古人为啥能设计出来这么现实的东西。"

如此生活化的造型，一下子将我们和古蜀先民跨越3000多年的距离感瞬间拉近。那么，他们到底抬着什么呢？这座新发现的神坛还有多少惊人之处呢？

二号坑 神坛复制品

古蜀人心中的宇宙什么样？

神坛，一种古代专用于祀神或供奉祖先，举行祭祀祈福、誓师占卜等大典所用的建筑物。北京的天坛、地坛、日坛、月坛和先农坛就是最为著名的五大神坛。以北京天坛为例，全坛分为内坛和外坛两部分，主要建筑集中在内坛。而内坛又以墙划分为南北两部分。明清时期，每逢冬至，皇帝要到天坛南部的圜丘坛举行盛大的祭天仪式；而到了春天，则要到北部的祈谷坛，祈求风调雨顺，五谷丰登。

那么，古蜀先民的神坛，又缔造了一个怎样的世界呢？

这不是三星堆第一次发现神坛，但神坛，却一直是三星堆里最为神秘的存在之一。1986年，当鼎鼎有名的青铜大立人像出土时，三星堆就已经发现了神坛的存在。作为国之宝器，为何它的问世并没有像青铜大立人一样惊天动地呢？因为神坛"实惨"！

有多惨呢？碎成100多枚碎片，氧化腐蚀也非常严重。用一句"惨不忍睹"形容不为过吧！遗憾的是，因为其破碎程度高，也没有同类器物可以参考，文物专家们并没有强行修复，而是将原部件保存，用新材料推测复原了一个神坛进行展陈。也就是说，我们看到的仅仅是一个推测复制品，真正的二号坑神坛什么样子？大概永远是个谜了。

现在，我们看到的复制品大概是这样的：上中下共三层。下层为兽形座，怪兽两头，平行站立，应该是糅合了多种动物体貌特征的神兽。一看就不容侵犯。中间层为于四方而立的高冠人像。均着短袖对襟衣，双臂平举于胸前，双手呈抱握状，所握仪仗虽有残缺，仍能看出应为一种通天法器。立人头顶为四山相连状的山形座。最上面一层最为吸睛。那里似乎描绘了一个更为奇妙的世界：似乎是一个方形的匣子，镂空处雕刻有祭祀的古蜀人，除此之外，建筑物额间有人首鸟身像，四个角有双翅上扬的飞鸟。

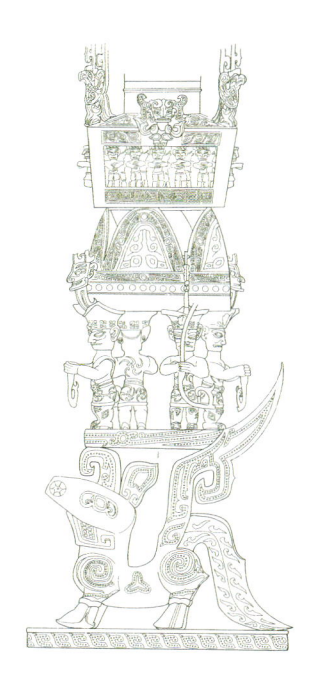

专家解读：这件神坛勾勒的是古蜀人心中的三界：最上层描绘的是天外有天的"天界图景"；中间为顶天立地的"人界图景"；最下面则是"地界图景"。这就是古蜀人心中的世界和宇宙。

二号坑神坛线描图

萌萌哒的小人像，为何能立于神坛中央？

2022年，随着三星堆八号坑的发掘，迄今为止最大规模的青铜神坛闪亮登场。专家说，此件器物的完整高度应该在155厘米以上，比二号坑复原的神坛高出了两倍多。出土的时候，其完整性也远高于二号坑神坛。最为重要的是，它们表现的场景也大为不同。

八号坑神坛简单说来，就是"人驮神兽，神兽上骑人，人上又有兽。"方形台基上的13个小人有12个在外围，他们似乎被分为3组，每组4人，有的跪坐，有的端坐，发型服饰都不尽相同。最为特别的还是四个跪在立柱上的"力士"，就是"抬滑竿"四人组。"滑竿"上面，还有一个平台，平台上立有一具小神兽，小神兽的腰部和头部间蹲坐一具人像，人像上半身已断掉。

那么，还有一个小人在哪里呢？仔细看，台基中央一个隆起的部位，有一个跪坐的小铜人。更为惊喜的是，这是三星堆首次发现"背罍人像"。这个萌萌哒的微观小人引起了专家和网友的热议。罍是祭祀场景中最重要的一种礼器，可以理解为盛酒的容器。这个小铜人，用一条背带将罍捆扎在背上，还打了一个蝴蝶结，因此，有专家认为这是一位女性。那么，这个罍里面装的到底是什么呢？会是海贝吗？暂时不得而知。但可以想象的是，既然能站上神坛的C位，这个罍的意义一定非同凡响。这就是传说中的"人以物贵"。

八号坑神坛局部

走上神坛，与天地对话

"国之大事，在祀与戎"。这句话出自《左传·成公十三年》。意思是，一个国家的大事就这么两件：一是祭祀，一是打仗。我们都知道，打仗是为了保卫城邦，没有了国，何谈立足？那么祭祀呢？古代中国，人们认为"举头三尺有神明"，冥冥之中，有一股强大的无形的力量在牵着他们走。所以，人们敬天、畏神。

通过祭祀这样的宗教仪式的表达，告知四方神明"我很恭敬，请降福于我"的心愿。

三星堆古国，一个"以祭祀活动象征国家权威、维系国家思想和组织统一"（考古专家赵殿增）的神权国家，原始宗教必然在日常生活中扮演着极其特殊的作用。它既是古蜀先民认识和解释世界的工具，同时也仰赖其维持当时的社会结构。所以，我们在三星堆看到了大量造型精美又内涵丰富的青铜人像、礼器、祭品、金器以及玉器。如果说这些器物就是三星堆人在祭祀活动时使用的神器和祭品，那么神坛或许恰巧为我们展现了古蜀先民信仰生活的图景。

3000多年前，这一方土地的人们已经有了天、地、人三界的原始"宇宙观"。或许在他们心中，走上神坛，庄严祭祀，是接近天地、神界的最有效途径。虽然，三星堆神坛完整形态和具体内涵还有待深入研究，但我们已经能够从中一窥三星堆古人的信仰生活。或许现在，我们可以通过这些来自3000多年的神坛，想象古蜀先民在冲天的火光中，与天地对话，与神界沟通的奇异场景。

3000多年前，肩抬竹竿的四力士不容亵渎，那是一份沉甸甸的信仰；3000多年后的今天，抬滑竿的四川人就是行走的"段子手"，脚下从不打滑，嘴里言子不断。也许3000多年前，信仰仅仅是为了更好地生活；而今天，人们却声称，生活才是最高的信仰。滑竿早已被拉下神坛，信仰在我们的生活中依然随处可见。

来自 3000 年前的铜铃声

3000 年前，当三星堆人的礼乐奏响，什么东西最像他们的乐器呢？总不能把青铜人像或者面具当编钟敲吧？其实，三星堆出土的众多铜铃、铜挂饰和铜挂架就能组合成了一组组乐器。

好一朵美丽的"铜铃花"

三星堆出土的铜铃几十个，许多人都偏爱这一朵美丽的"喇叭花"。这朵花出土于二号祭祀坑，口径 6.8 厘米，通高 12.2 厘米，很是小巧，跟我们现在的风铃一般大。整个造型就像一朵盛开的喇叭花。不过有人说"像一只爆开的脆皮肠"……估计"铜铃花"要是听到了，肯定会说："喂，你们礼貌吗？"

花朵形铜铃

铜铃顶部为花托，上部饰有波形曲纹，表现的是花朵的子房；下部四花瓣上又满饰联珠纹，内部有柱状铃舌，像是花蕊。这样一只精美的铜铃，到底是做什么用的呢？专家研究发现，这朵"花"有良好的乐音性能，铃体表面遗留有调音加工的痕迹。那么，它果真是乐器吗？

鹰形铜铃

用作乐器的铜铃

铜铃最早出现于陶寺文化中，之后传到二里头文化，殷墟也出土有铜铃。至于它们的功能定位，有专家称，陶寺、二里头的铜铃应该是佩饰，也有说是具有乐器功能的祭祀礼器；殷墟的铜铃就更接地气了，出土时，大多系在狗脖子上，多为一狗一铃。

三星堆一、二号祭祀坑共出土铜铃43件，除了好看的"喇叭花"，还有鹰形铜铃、兽面纹铜铃、带挂架铜铃等。刚出土的时候，都是几个一组挂在铜架上，有点风铃的意思。那么，它们到底是什么声音呢？这些铜铃都有铃舌，轻轻摇动即可发声，但是因为文物比较脆弱，这些来自3000多年前的美妙之音只能靠我们自己去想象啦！

兽面纹铜铃

2021年，三星堆八号坑出土了一个残长1米的大石磬。磬，是一种中国古代石制打击乐器和礼器。在二里头遗址、下冯遗址、金沙遗址等地都曾有石磬出土。"鞉鼓渊渊，嘒嘒管声。既和且平，依我磬声。"这是《诗经》里描述的殷人在祭祀乐舞的场景。三星堆大石磬的出土，再一次证明古蜀国不仅有礼乐，而且礼器众多。随着大石磬的出土，它和铜铃或将揭开古蜀国祭祀礼乐制度的神秘面纱。

3000年前，起风了，它们在风中摇曳……

商朝人的祭祀乐舞

牌饰，让生活更有仪式感

铜牌饰是什么？简单说来，就是集铸造和镶嵌于一身的神秘艺术品。有多神秘呢？这么说吧，全世界统共加起来也就十来件，稀世珍宝啊！

你确定不是顶配的手机壳？

三星堆出土的最为精美的一块铜牌饰，长13.8厘米，宽5.2—5.6厘米。第一眼看，大多数人都会觉得牌面的装饰图案呈几何形树状，中间是树的主干，两边斜出的就是枝干。再看仔细点，枝条间那些圆圈纹会不会是树上的果子？而勾云形纹饰又是叶芽吗？间或点缀的是绿色的小石头，这可是绿松石碎片。再看上面，两侧还有对称的半圆形穿孔，那两个镂空的孔，怎么看上去像是给摄像头挖的孔？咦，这个小玩意真是越看越像手机壳呢？不过，就算是手机壳，也是买不起的限量版顶配手机壳。

铜牌饰到底是做什么用的呢？其实啊，两侧半圆形的穿孔和你想的应该差不多，应该是做系挂用。另外，它的正面和背面分别留有线织物痕迹和竹编印纹痕迹，所以专家认为，这样的铜牌应该是系在某种织物上的饰件。经过专家的研究和推测，现普遍认为，铜牌饰

镶嵌绿松石的铜牌饰

是一种承载神圣信仰，具有礼仪或者宗教性质的专用装饰品。

1987年，三星堆遗址一个叫"仓包包"的地方出土了三块铜牌饰。除了有镶嵌绿松石的，还有没有镶嵌绿松石的"减配版"。但是！虽然减少了绿松石，其设计巧思和精美程度丝毫没有拉胯，虽然看上去都不太明白，但魔幻的线条早已征服了观众。

三星堆出土的最神奇的器物之一，就是一块铜人身形牌饰。铜牌饰背部上宽17厘米，下宽17.6厘米，高34厘米，通高46.4厘米，出土于二号祭祀坑。牌饰的上部看上去就像一个穿着绣有精致图案衣袍的人身，下部是两条腿，如一具无头无手的人体。"衣袍"上的团分两组，一组是两鹳鸟，一组是三鹳鸟，鸟喙长度很夸张，和鸟身一样长。整个铜牌饰给人一种古怪又精致的感觉。至今也无人能说明白，这块铜牌饰具体的用途。有人推测，牌饰的"腿"可能才是上部，用来系绳悬挂的。铜牌饰可能就是三星堆神庙中的祭祀物。不过，也都只是推测而已。

二号坑出土的
人身形铜牌饰

铜牌饰来自二里头？

有一说一，要论堆里人的想象力，那是没得话讲，但要说起这镶嵌手艺吧，那还真有点尴尬。据说，三星堆出土绿松石铜牌饰时，锈蚀严重，镶嵌的绿松石也有松动脱落，要不是几千里外的二里头遗址也出土了这样的铜牌饰，差点被糊弄过去。一对比，这镶嵌工艺，到底还是有点"学生"的意思了，哈哈！

现存于中国历史研究院的河南偃师二里头遗址镶嵌

二里头出土的
兽面纹铜牌饰

绿松石兽面纹铜牌饰异常华美。和三星堆的铜牌饰个头差不多，也有穿孔纽。主纹饰旁镶嵌有数百枚绿松石，这些绿松石几乎没有脱落。凹面附着有纺织品。这样的铜牌饰在二里头出土了三块，均出土于随葬品丰富的墓葬，被发现时放置在墓主人旁边齐胸部的位置。专家认为，二里头的铜牌饰可能是象征主人身份地位的装饰品。对比一下，三星堆的铜牌饰是不是稍微"寒碜"呢？你可别看不起它们，它们可是中华文明多元一体的重要佐证。

相隔遥远的二里头和三星堆，都出现了绿松石铜牌饰，这显然并非巧合。它和铜铃、玉璋等，都在告诉我们：三星堆文化和二里头文化关系紧密。镶嵌绿松石兽面纹铜牌饰作为二里头文化的代表，可以说是三星堆铜牌饰的"祖型"，其年代更早，工艺难度更高，精美程度更甚。三星堆的铜牌饰虽是二里头文化强势辐射的衍生品，但也在学习的基础上开创了属于自身的独特魅力。这也恰巧证实了中原文化对三星堆文化的深刻影响，也说明了三星堆文化是中华文明多元一体格局中那个地域特征鲜明，跳脱又独特的代表。

一前一后，一北一南，从二里头到三星堆，我们看到了绵延不断，始终向前的中华文明。正如四川大学博物馆馆长霍巍所说："三星堆提供了一个青铜时代的区域样本，让世人看到了在夏商周青铜时代，除了中原地区以青铜礼制为代表的青铜文化，还有像三星堆这样富有神话浪漫想象的青铜文化，为中华文明的丰富内涵与发展进程谱写了新篇章。"

古蜀也有玉器

在三星堆已经出土的大量文物中，既有我们过往不曾见过的青铜人像、金杖、金面具、青铜神树、青铜面具，这是三星堆文明的独特和神秘之处；也有玉璋、玉戈等中原文明的产物。这说明，三星堆不是异域文明，更不是外星文明，它是实实在在的中华文明。

中国人对玉一直持有美好的情结，"温润如玉""如花似玉""金玉良缘"……从这些辞藻中可以看出，玉是美好、高洁的象征。在古代，玉亦是人们祈求平安，辟邪消灾的重要器物。

《周礼》有言："以玉作六器，以礼天地四方：以苍璧礼天，以黄琮礼地，以青圭礼东方，以赤璋礼南方，以白琥礼西方，以玄璜礼北方。"以上就是中国古代祭祀天地四方的六种玉礼器，简称"古代六器"，包括玉璧、玉琮、玉圭、玉琥、玉璋、玉璜。

距今9000余年的小南山玉器，是我国迄今为止所知最早的玉器，奠定了我国玉文化发展史的深厚根基。作为中原文明的代表，玉文化是如何传播到三星堆的呢？三星堆出土的玉器又有哪些特别之处呢？

玉戚形璧

刻有小人像的玉璋

玉璋原是我国黄河流域的器物,是我国古代最为重要的礼器之一。在所谓礼拜天地四方之中,璋被认为是用来"礼南方"的器物,一般认为它最主要的用途是祭山。玉璋也是三星堆出土玉器中最大宗的一类。这些玉璋主要分三类:一类为边璋,斜边平口,略呈平行四边形;一类为牙璋,呈长条状,柄部有锯齿状扉棱,端部分芽开叉;还有一类为鱼形璋,射部似鱼身,射端似鱼嘴。这是蜀地特有的器型,目前仅在三星堆遗址和金沙遗址发现过。

在三星堆博物馆,有一块美丽威严的玉边璋很是吸引眼球。1986年,这只玉璋出土于三星堆二号祭祀坑,通长54.2厘米,宽8.8厘米,厚0.8厘米,黑色不透明,局部被火烧成鸡骨白,现定名为祭山图玉边璋。三星堆一、二号坑考古发掘负责人陈显丹回忆说:"1986年,三星堆祭祀坑发掘,当这件断成两截的玉璋露出真容,所有考古人员欣喜若狂。学术界认为,这些图案反映了古蜀人在祭坛上举着玉璋祭祀天地和大山的情景。它不仅记载着巫师们着装、祭祀对象,把祭祀的道具也画了出来。"

这只玉璋上刻有11个神情紧张严肃的小人,他们身着无袖短裙,作出无法言语的手势。有三组小人每三人成组,靠手柄一组因为受面积所限,只刻了两人。小人们跪坐组头戴穹窿形帽,佩双环相套的耳饰,身着无袖短裙,两拳相抱,置于腹前;站立组头戴平顶冠,佩铃形耳饰,身着无袖短裙和翘头鞋,手势与跪坐组一样。他们在干什么呢?

祭山图玉边璋

除了奇特的人物图案外，这只玉璋上还有隆起的山峦，山外侧有大手从天而降。还有平行线条、牙璋以及云雷纹、太阳纹等。正是因为这些神秘的图案，这只玉璋和青铜神树、青铜大立人一起被列入《首批禁止出国（境）展览文物目录》。

　　玉璋起源于二里头文化，但当玉璋传到四川之后，在三星堆和金沙发扬光大，成为祭祀活动中最重要的礼器。从这只玉璋上的纹饰可以推测，表现的可能正是某种礼仪活动的场景，或许是"山陵之祭"这样的隆重祭祀场面。

独一无二的鱼鸟合体玉璋

　　在三星堆，有一种鸟出镜率相当高。大大的嘴巴，喙曲如钩，在三星堆出土的青铜鸟中就有这种样子的，就连金杖上也有这种类似形象。

　　在今天的三星堆遗址附近，有一条河名为鸭子河。这里的渔民世世代代用一种古老的方式捕鱼。渔民们借助"捕鱼能手"的力量，常常满载而归。这种"捕鱼能手"叫做鸬鹚，也就是鱼鹰，四川人叫它"鱼老鸹"。3000多年前，古蜀国第三代蜀王鱼凫或许就是教他的子民们驯养鱼鹰捕鱼的。所以三星堆出土的类似鱼鹰的青铜鸟中，或许就是为了纪念他们的君王鱼凫。而鱼鹰这种鸟，也备受古蜀先民的爱戴和尊崇。

　　1986年，三星堆一号祭祀坑出土了一枚好看的玉璋，长38.2厘米，宽8.2厘米，厚0.8厘米，整个器身像一条大鱼，两面各刻有一牙璋图案，在射端张开的"鱼嘴"中，镂刻有一只小鸟。我们再一次惊喜地发

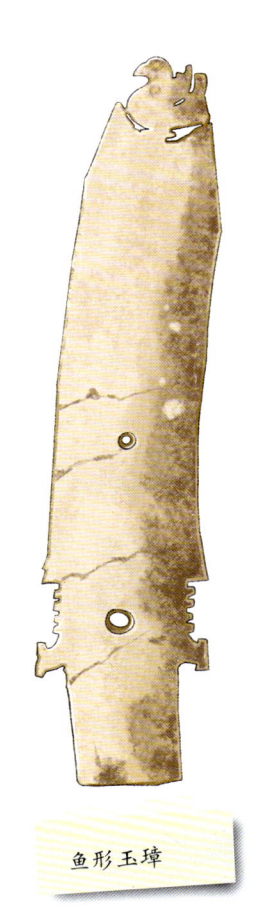

鱼形玉璋

现，"飞鸟和鱼"又成功合体了！古蜀先民在打造这枚玉璋时很是下了一番功夫，综合运用了镂刻、线刻、管钻、打磨抛光等多种工艺，在选材上还充分利用玉料的颜色渐变，随形就势以表现鱼的背部与腹部，可谓匠心独具。专家推测，鱼鸟合体的玉璋可能还是跟鱼凫王有关系。也正因为这样特殊的寓意，在众多出土的玉璋中，鱼鸟合体玉璋得以脱颖而出。

燕家父子发现的玉琮

1929年的春天，三星堆当地村民燕道诚和儿子在挖水沟时，意外发现了一堆玉石器。"疑其内藏有金珠宝物"，燕家父子不敢声张，又用原土将其埋起来，待到夜深人静时，才连夜搬运回家。不久，燕家父子挖沟得宝之事不胫而走。

其中一枚玉器高7.25厘米，宽8.4厘米，内径7.05厘米，黄绿色，半透明，外边四方转角圆浑，每方外壁阴刻平行竖线2条，转角处上中下阴刻平行横线3组5条，与四方的竖线相交。这是什么？它叫琮，外形如立方体，中有一圆孔。早在新石器时代晚期就已经出现在长江下游地区了，是良渚文化的典型代表。玉琮和玉璋一样，同样是中国古代重要的祭祀礼器。"以黄琮礼地"，玉琮，是祭地的礼器。三星堆青铜大立人手中到底握着什么？其中有一种猜测就是——玉琮。1951年，燕道诚之子将其捐赠给广汉县人民政府。

后来，位于成都平原的金沙遗址也出土了玉琮。远古的人们，或许用他们的方式进行着我们难以猜测的谜一般的交流。

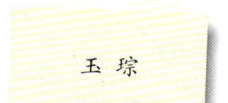

玉琮

三星堆玉器本土造？

三星堆迄今为止，出土了上千件玉石器，不仅有玉璋、玉璧、玉琮等玉礼器，也有大量具有礼仪用途的玉制兵器和工具，如玉剑、玉戈、玉斧、玉凿，其中三星堆玉戈更是精美考究、风格独特。有一柄玉戈通长40厘米、宽10.1厘米，援呈三角形，援本部两面正中阴刻有长方形几何纹饰。玉戈呈黄褐色，上有流水状纹理，色调明快，线条流畅，很是精美。而三星堆出土的玉剑更是中国目前发现的唯一一件，形状与后来四川地区流行的一种青铜柳叶剑类似。

那么，三星堆出土的玉器，是远道而来还是本土制造呢？这要看三星堆附近是否具备产玉的条件。《华阳国志》中介绍"岷山导江，东别为沱。其宝，则有璧玉、金、银、珠、碧、铜、铁……之饶"。古书中记载的这个地方是哪里呢？

专家们多次走访四川及其周边地区，最终锁定彭州龙门山。龙门山，位于青藏高原东源，是著名的龙门山断裂带，活跃的地质活动造就了丰富的矿藏。那么，龙门山和三星堆有多远呢？三星堆，在广汉市美丽的鸭子河畔，它的上游是湔江，而彭州龙门山镇就在湔江边，是三星堆的上游。玉器专家王方通过对成都平原西北龙门山脉一带玉料分布情况的初步调查，以及对中国其他区域矿源产地玉料标本进行的初步观察与对比，明确了古蜀玉器绝大多数材料主要为透闪石软玉，少量采用蛇纹石和大理岩，大部分玉石材料来源于龙门山脉南段：茂县—汶川—灌县一带。明显区别于其他区域玉文化玉料。由此可见，古蜀玉器除极少数是由外部区域直接输

三星堆一号祭祀坑出土的玉戈

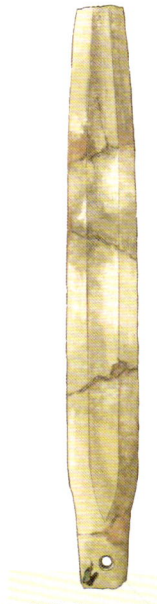

三星堆一号祭祀坑出土的玉剑

玉瑗

入外,绝大部分的玉器应为就地取材、就地制作而成。

每一块玉石,每一件器物,通过古蜀先民的灵巧双手,都被赋予了深刻的内涵。对自然的敬畏,对生命的崇拜,对信仰的追随……几千年后的今天,仍然那么鲜活地刻画在这一件件器物上。他们善良、勤劳、智慧,他们曾经真实地在这片土地上生活过、努力过。

你从哪里来，象牙和海贝？

一个身处内陆平原的"堆"，竟然出土了象牙和海贝。凭你如何脑洞大开，估计也想不明白。如果它们都是"物物交换"的结果，古蜀人的贸易得有多么发达？造价不菲的象牙和海贝，又得拿多少蜀锦才能换回啊？象牙和海贝，能帮我们打开古蜀人的财富密码吗？

成都平原有大象？

1986年，三星堆一号祭祀坑出土象牙13枚。随后，二号坑也发现了象牙。遗憾的是，由于钙化成粉，且保存成本相当高，当年出土的象牙几乎都没能保存下来。

2021年，三星堆遗址七号坑内出土象牙200余根，还有经过精心打磨的象牙串珠和几件刻有纹饰的象牙饰件。金沙遗址也出土过数以吨计的象牙。我们不禁要问：几千年前的成都平原难道生活着大象？否则，这些古蜀国的象牙到底从哪里来的呢？这些象牙又是做什么的呢？

按照今天的气候条件看，大象生活在热带森林、丛林和草原地带。在我国云南的西双版纳，再往南走包括越南、印度等地都有大象的分布。1986年，当三星堆首次发现象牙时，考古人员推测这些象牙就是来自云南

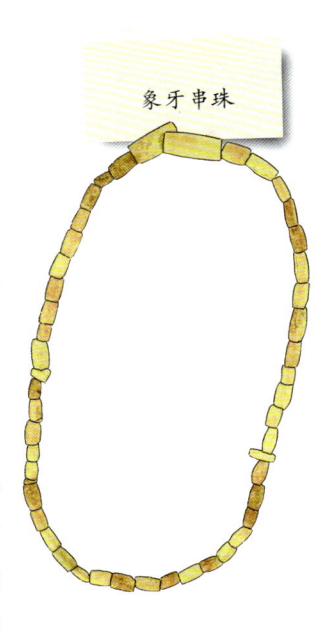

象牙串珠

古蜀国地貌

甚至是更远的地方。直到 21 世纪初，金沙遗址刷新了我们的认知，出土的象牙数以吨计，专家学者们不禁提出疑问：如果这些象牙都是来自海外，如此沉重的象牙到底是如何运送到成都平原的呢？人们不得不思考另一种设想，3000 多年前的古蜀国会不会也是大象的家园呢？

《山海经》记载："又东北三百里，曰岷山。江水出焉……其兽多犀、象……"岷山地区兽类有犀牛、大象。也就是说，四川地区有大象出没。《华阳国志·蜀志》中也提到："蜀之为国，肇于人皇……其宝则有璧玉……犀、象……"可见，当时的蜀地的确有大象和犀牛。

专家们经过分析得出，此前在三星堆出土的象牙均为亚洲象的门齿。亚洲象，现分布于东南亚、南亚等热带地区。那么3000多年前，三星堆及其周边是否具备亚洲象生活的环境呢？近年来，考古工作者在金沙遗址发现了藻类、蕨类、裸子、被子植物的遗存，局部低洼处的湿地生长着大量喜湿的蕨类植物，这是不是说明，当时古蜀国的气候适合大象的生存？更重要的是，在金沙遗址古河道之外，还发现了象的臼齿，以及两个较为完整的大象的下颌骨等遗存。"这说明这些动物很可能是在当地被猎杀。成都平原当时极可能到处是茂密高大的森林，适合野生大象的生存。"

为什么要屠杀可爱的大象？

如果象牙真的产自本地，可见古蜀先民的确残杀过不少大象。我们不得不思考：是什么原因让他们"痛下杀手"呢？

商周时期，象牙就是贵族阶层的身份证明，难道古蜀人杀象取牙仅仅为了"表明身份，顺便炫个富"？是否还有其他原因？

三星堆遗址出土的象牙

肩扛象牙
人纹玉璋

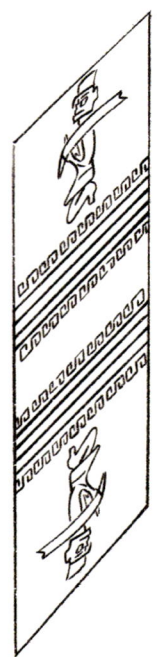

　　会不会是厌（yā）胜物呢？厌胜是古时一种辟邪祈吉的习俗，即用法术诅咒或祈祷以达到制胜所厌恶的人、物或魔怪。日常生活中常见的厌胜物有雕刻的桃版、桃人、玉八卦牌、玉兽牌、刀剑、门神等，以及厌胜钱——一种铸造成铜钱样式的辟邪物。过去，有一种说法认为，一、二号坑的器物都是"灵物"，象牙是作为厌胜物有驱邪作用。后来，金沙遗址出土的肩扛象牙人纹玉璋似乎给出了另外一个答案。

　　这枚肩扛象牙人纹玉璋，刻画了两组头戴高冠、方耳方颐、身着长袍、肩扛象牙的人像。该图案与三星堆"祭山图"玉边璋上的图案类似。专家们认为，玉璋上的图案表现的正是古蜀人祭祀的场面。玉璋是重要的祭祀物，玉璋上的人扛着象牙，如果象牙是厌胜物，肯定不会放在肩头。因此可以断定象牙在当时也是祭祀物品。

为什么要用到这么多象牙呢？象牙到底是用来祭祀什么的？《周礼·秋官·壶涿氏》记载："壶涿氏掌除水虫，以炮土之鼓殴之，以焚石投之。若欲杀其神，则以牡橭午贯象齿而沉之，则其神死，渊为陵。"牡橭是古书上的一种神树，其实就是我们现在说的山榆。象齿，就是大象牙。古代的方术家（巫师）认为，将牡橭、象齿交叉成十字形沉入水中，就能够镇杀洪水中的妖魔鬼怪。

三星堆的象牙到底是不是用来祭祀水神，震慑水怪的呢？我们依然不得而知。但是金沙河遗址出土的象牙都在古河道两岸，专家分析说："成都平原自古以来便是沃野千里，美丽富饶，但在都江堰修建之前，河流经常改道，古蜀先民常常因此而遭受洪水灾害的侵袭。先民们认为有两种方法可以治理洪水，其一就是科学治理，即修建防洪大堤，或者说开渠疏通引导等。其二就是巫术活动，即进行祭祀活动，如祭祀河神，或镇杀洪水中的妖魔精怪等。在生产力及社会条件的限制下，这种方式成为古蜀先民们精神上的一种寄托。"

你来自哪里？海洋宝贝？

象牙到底是本土出产还是来自他乡，还没有最终确定。如果说，几千年前的三星堆一带有可能是大象的家园，那么海贝就肯定找不到产自本地的理由了。三星堆迄今为止出土了数千枚海贝，有齿贝、环纹贝、虎斑贝、腻枣贝等，甚至还有形似齿贝的青铜贝。

美美的海贝，我们都很喜爱。可你知道吗？它们一度还是财富和权力的象征。商周时期，"贝"字频繁出现在甲骨文和青铜器铭文中；在三星堆出土的尊、罍等青铜容器中，多发现海贝、玉器等物品。可见，贝的地位不容小觑。一方面，贝是流通的货币，另一方面，贝也是高级的装饰品。不得不说，三星堆真有钱！

那么，这些海洋宝贝，到底从哪里来呢？人们不由地想到了南方丝绸之路。

因为在公元前11、前12世纪的三星堆已经有大量来自印度和缅甸的齿贝，也就意味着当时西南丝路已经开通。西南丝路以四川成都为起点，永昌（今云南保山）为中转出口站，称为"永昌道"，终点为身毒（今印度），故又称蜀道毒道。可以想象，古蜀人用丝绸或邛杖，经云南的大理、保山，入缅甸抵印度，直通中亚、西亚甚

铜圆罍

二号坑出土的铜尊

至更远的地方，换回金、贝、玉石、琥珀制品等，其中要经历的艰难险阻有多少。

但是，这只是其一。古蜀人可不只是跟南方人做生意。往北走，他们也跟中原人做生意。安阳殷墟妇好墓也出土了7000多枚海贝，而三星堆遗址的贝类中也有商代中原的用贝品种。这说明了三星堆人也和中原人交换过宝"贝"。

小小的贝类在考古工作者眼中，是货真价实的宝贝。中国科技大学的科技考古团队认为："当我们了解了它们的来源，或许可以弄清三星堆海贝究竟来自我国南海还是东南亚、南亚地区，以及在海贝上是否存在着和中原王朝的交流。如果它们来自印度洋，那么我们或许可以进一步去探寻史前南方丝绸之路的路径和时间。"随着三星堆考古多学科研究的深入，"我们甚至可以探讨三星堆究竟是海贝的最终接受者，还是一个中转站。有没有一种可能，中原商王朝的海贝也是通过三星堆运到那里的，或者是反过来？"

假如这个命题成立，那么，3000多年前的三星堆，会不会是华夏文明的枢纽站呢？我们期待着！

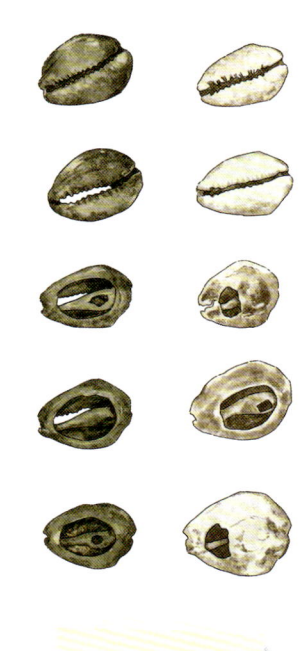

三星堆出土的黑海贝和白海贝

第四章

这些年，我们追过的三星堆

什么，三星堆又双叒叕上新了？！

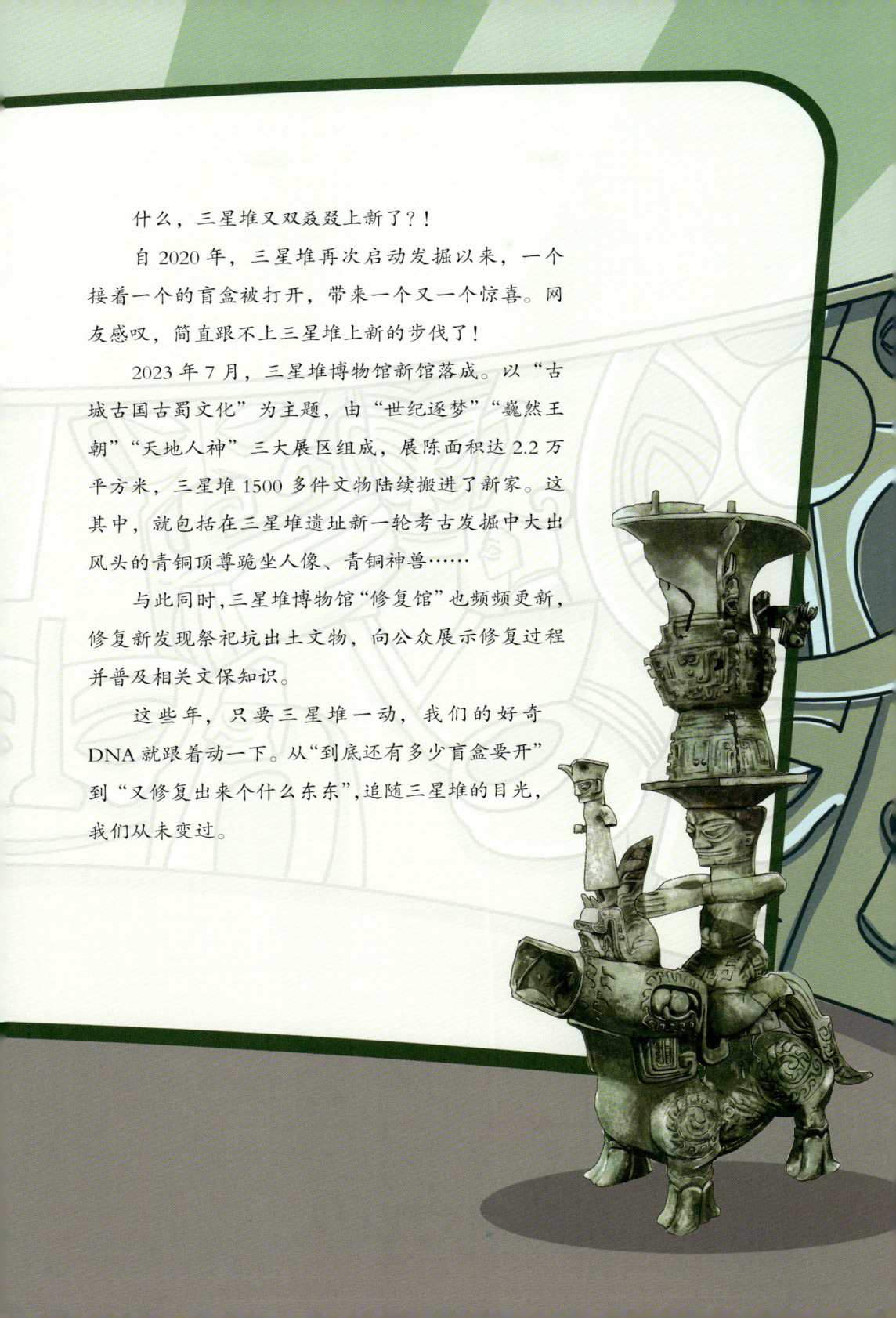

自 2020 年，三星堆再次启动发掘以来，一个接着一个的盲盒被打开，带来一个又一个惊喜。网友感叹，简直跟不上三星堆上新的步伐了！

2023 年 7 月，三星堆博物馆新馆落成。以"古城古国古蜀文化"为主题，由"世纪逐梦""巍然王朝""天地人神"三大展区组成，展陈面积达 2.2 万平方米，三星堆 1500 多件文物陆续搬进了新家。这其中，就包括在三星堆遗址新一轮考古发掘中大出风头的青铜顶尊跪坐人像、青铜神兽……

与此同时，三星堆博物馆"修复馆"也频频更新，修复新发现祭祀坑出土文物，向公众展示修复过程并普及相关文保知识。

这些年，只要三星堆一动，我们的好奇 DNA 就跟着动一下。从"到底还有多少盲盒要开"到"又修复出来个什么东东"，追随三星堆的目光，我们从未变过。

越挖越新奇

三号坑出土的青铜鼎尊跪坐人像

"三星堆,你又上热搜了!"

"三星堆,你到底还有多少盲盒啊?!"

连外国网友也忍不住感叹:"好想去中国看看!"

6个新发现的祭祀坑,按照发现的时间顺序,依次被编号为三至八号坑,平面均为长方形,规模在3.5—19平方米之间。此次6个坑总共提取了近1.4万件有编号文物,仅八号坑就提取了逾6000件有编号文物。一起来数数,到底有多少令我们惊掉下巴的新发现吧!

或许你会问:如此紧密的8个坑,为何有6个在三十多年后才被发现呢?三星堆遗址考古发掘队领队雷雨解释说:"起初,没有人相信还会有'祭祀坑'的存在。有的学者更期待找到王陵或者墓葬坑,再加上旅游设施的修建,把这6个坑遮住了。"

虽然多等了三十多年,但等待也是为了更好的重逢。

这一次,三号坑又一次出土了青铜顶尊跪坐人像,在此前的二号坑也有青铜喇叭座顶尊跪坐人像出土。那么,这一次有什么不同呢?不同之处就在"尊"上。以往的铜尊均为模型,而这一次是根据原大铜尊改制的人顶尊铜像。专家介绍,三星堆出土的尊里都有海贝、玉器等值钱货，以真人头顶铜尊，真真是古蜀先民"炫富"的一种方式了！

三号坑的"明星文物"还有它：神树纹玉琮。在这枚玉琮上有两棵神树纹。玉琮是良渚文化的代表，而神树则在三星堆文明中有过发现，是三星堆文明的重要标志。代表着三星堆的神树为何出现在代表着良渚文化的玉琮上呢？有专家为此甚至大胆猜想：良渚一定也有神树的存在。神树纹玉琮的出现，体现了古蜀文明与中华文明的关系——古蜀文明是多元一体的中华文明的组成部分。

继续为三号坑"争气"的还有登上2022年虎年春晚的青铜大面具。这具面具宽131厘米，高71厘米，深66厘米，重达131斤，是目前三星堆遗址出土的形制最为完整、体量最大、保存最好的大型青铜面具。除了"体量惊人"，它还有更多值得我们关注的地方。比如，这具面具的鼻孔下面有海贝，右眼眼珠上有很多玉器残渣，右眼球上甚至发现了丝织物残留。最令人惊喜的是，大型面具铸造技术跟中原地区如出一辙，为古蜀文明是中华文明的一部分再添重磅实证。

神树纹玉琮

三号坑巨型青铜大面具

第四章 这些年，我们追过的三星堆

四号坑这一次则出土了三尊青铜扭头跪坐人像，通高均约 30 厘米。它们的发型尤其独特，向上直立，一飞冲天。而且，他好像长得也跟此前的铜像人物不一样。大眼、高鼻子都不见了，而是剑眉、杏仁眼、国字脸，看上去似乎更真实了。这尊人像双手合十，呈平举姿势；小腿上竟然有多个纹身。两手之间、两股头发之间似有缝隙，且共同组成了一个卡槽。这样奇特的姿势和装扮到底要表达什么呢？专家推测，这三尊青铜扭头跪坐人像很有可能是某种器物的支脚，以三角形起支撑作用。

七号坑出土的龟背形网格状器。这是乌龟背还是窨井盖？见惯了太多三星堆的"奇奇怪怪"，还是会被这件器物惊呆！网友们看到这件器物后十分兴奋，"莫不是古代的烧烤架吧！"比网友更兴奋的应该是考古专家，因为在青铜的"龟背井盖"下面，竟然藏着一块青绿色美玉！负责七号坑发掘的四川大学黎海超教授给这件文物取了一个动听的外号："月光宝盒"。

2022 年 6 月 16 日，三星堆考古研究团队宣布将八号祭祀坑新发现的顶尊蛇身铜人像与 1986 年二号祭祀坑出土的青铜鸟脚人像残部拼对成功。出土 36 年后，青铜鸟脚人像终于脱单了！这件极富想象力的文物可谓中国青铜文明的"巅峰之作"。"合璧"而成的这件鸟足曲身顶尊神像，头顶尊、手撑罍、脚撑鸟，身体向后翻起，完成了一个高难度"动作"，反映了当时祭祀行为中非常重要的仪式动作。

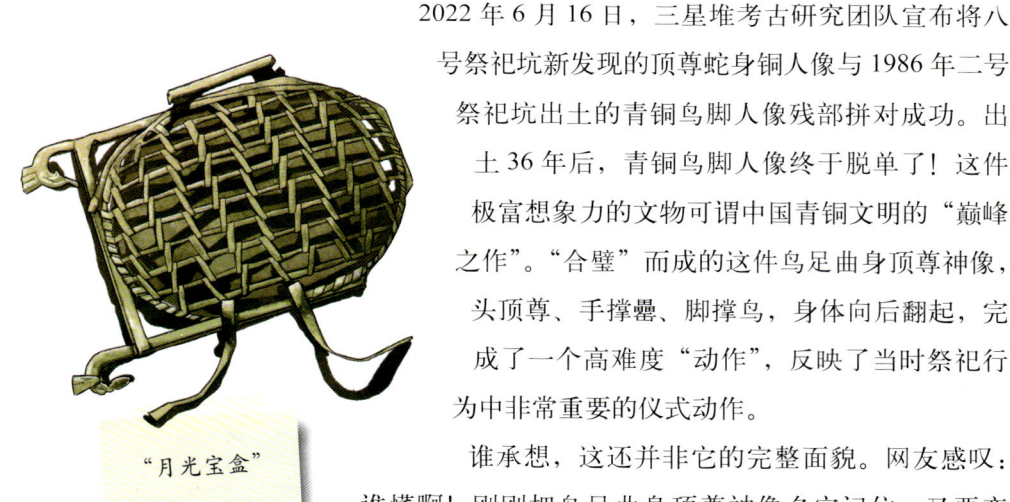

谁承想，这还并非它的完整面貌。网友感叹：谁懂啊！刚刚把鸟足曲身顶尊神像名字记住，又要变

"月光宝盒"

了……一个又一个的盲盒，在打开的同时也带来了一个又一个新的谜团。而这些仅仅是三星堆文明的冰山一角。1990年，三星堆古城东侧城墙确认；1992年，西侧城墙确认；1994年，南城墙发现；2015年，西北部发现青关山城墙。至此，三星堆古城的轮廓逐渐明朗。

四川省文物考古研究院研究员、三星堆博物馆馆长雷雨说："三星堆遗址是夏商时期整个西南地区最大的先秦时代的一个都邑型的遗址。它的分布面积是12平方公里，其中，核心区是3.6平方公里的三星堆古城。从1934年开始到现在，整个发掘面积还不到两万平方米，也就是整个遗址总面积的千分之一多一点。"

别的遗址越挖越明白，只有三星堆，越挖越新奇。雷雨说，"虽然三星堆已经挖掘了90年，但是仍然有一些基础性的问题没有得到解决"。

比如，三星堆人、古蜀人到底有没有文字？青铜器是不是本地铸造的？三星堆古城的道路系统是什么样的？城门在哪里？有王陵吗？……

2022年，三星堆祭祀区考古发掘工作结束野外工作，逐步进入室内文物整理修复和研究工作。正如八号坑"坑长"、北京大学考古文博学院副教授赵昊所说："发掘只是一个开始，后期大量深入的研究，才是考古工作的重点。"三星堆永远年轻，永远充满活力，永远等待人们去解开下一个谜底。

成功拼对的鸟足曲身顶尊神像

古蜀人也有杂技表演？

在三星堆博物馆新馆二楼，有一尊需要我们仰起头来看的神像格外吸引眼球。它既高，超过 2 米，又惊险刺激！为什么说惊险呢？因为看上去像是正在表演一场绝妙的杂技，而且"演员"都是不带保险绳的哟！

这一组"表演"的"演员"主要有两位：人身鸟足的人或神，以及一个立人。人身鸟足神像在中间位置，立人在顶端。它们到底想要表达什么呢？难道，古蜀人也是懂杂技艺术的？？

通高 2.53 米，接近一层楼的高度，谁看了不惊呼一句"Amazing！"其实从 1986 年以来的 30 多年里，它一直被误认为仅仅就是"青铜鸟足人像（或者神像）"。直到 2021 年 3 号坑和 2022 年 8 号坑的新发现，才让"青铜鸟足人像（或者神像）"不断长高。拼合成功的"杂技组合"自 2022 年 6 月与公众正式见面后，现在，它有了一个新名字：铜罍尊倒立鸟足顶尊神像。

1986 年，考古工作者们在二号坑发现了这尊神像的鸟足部分，也就是鸟足人像，并且在博物馆进行了展示。这也闹了一个"大乌龙"。因为当时的人们还没有意识到鸟足人像应该是倒立的姿态，所以一直是反着放的。直到 30 多年后，随着三星堆考古工作新的发掘，

倒立鸟足顶尊神像

其他分散于不同坑的神像"零件"浮出水面，通过三维扫描技术以及 3d 模型等技术手段，逐个拼对。我们终于看到，原来鸟足人像是有多个"合作伙伴"的！

现在，我们来看看这件伟大作品的多个"合作伙伴"吧：二号祭祀坑出土的青铜鸟足人像；八号祭祀坑出土的青铜持龙立人像、青铜顶尊倒立人像、青铜杖刑器等；以及三号祭祀坑出土的青铜罍、爬龙铜器盖，真可谓合则神勇无敌，分开来看每个都能"单打独斗"。

神像的主体正是鸟足人像。它就好似杂技演出中的无比重要的"底座"，提供扎实稳当的支撑，但和杂技"底座"的默默无闻不同的是，它可是个相当吸睛的存在！鸟足人像呈倒立姿势，双手支撑着按在铜罍盖子上，昂首屈身，纵目突出，獠牙明显，上身着对襟衣裳，下身是一件束口短裙，额前与脑后可见成束发绺。双脚更是有得聊了，呈鸟足状，脚底有鸟形的行云，并紧紧地抓握着一只倒置的鹰头。这模样用四川话说，简直是"撑抖"得很哟！

另外一位"表演者"，则需要你仰起头来瞪大眼睛去看了。它可是迄今为止三星堆所有出土人像中装饰最为复杂的一件。乍一看，似乎有些眼熟。对了，真的有点像我们之前讲过的青铜大立人呢！这是一位头戴高冠、耳插獐牙、身着礼服、脚穿垂首靴的辫发人，他双手持握着一条粗大的杖头弯曲朝下的龙形杖。龙头朝下，杖身部分又在他的身上。这样的装束，一看就觉得有点"惹不起"哟！

别被他唬住了，三星堆的"奇奇怪怪"中总有那么一点"可可爱爱"，你仔细看他的双脚，居然蹬着一双

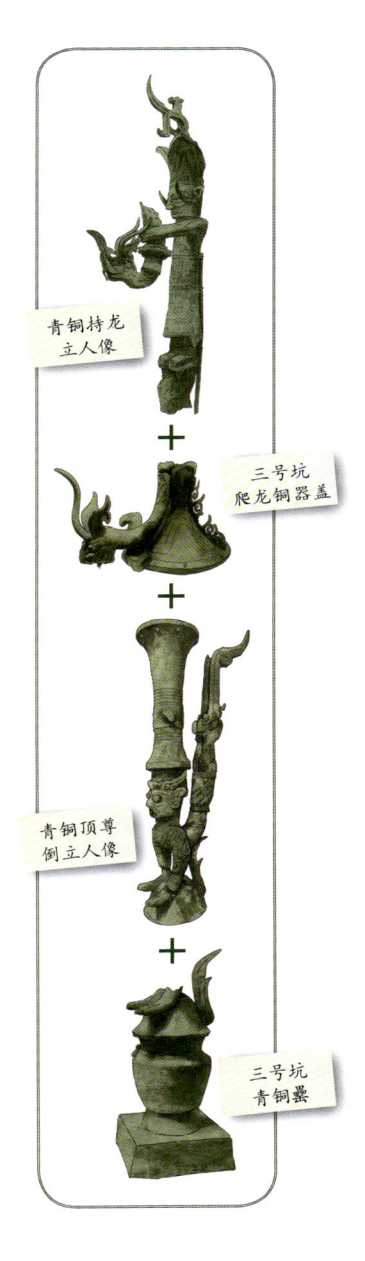

青铜持龙立人像

＋

三号坑爬龙铜器盖

＋

青铜顶尊倒立人像

＋

三号坑青铜罍

可爱的靴子，靴子之下是鸟头形装饰，又与爬龙铜器盖相连接。这个人，刚好就站在爬龙形器盖顶端的花朵之上，是不是又有了一点魔幻浪漫主义色彩？

　　在北京大学考古文博学院的孙华教授看来，铜罍座倒立鸟足顶尊神像的跨坑拼接成功有着重要的意义。他形象地解释：鸟足人像的姿态似腾云驾雾，从天而降，这代表着他是神。但孙华又认为鸟组人像只是"小神"，因为他头上还顶着一尊神，说明他是给大神服役的小神。"天上大神接受了人们的祭品和愿望后，就派遣这位小神来转达对人间的赐福。这表现的是从天上返回人间，是一种自上而下的关系。"听孙教授这样解释，铜罍座倒立鸟足顶尊神像可不是杂技表演了，眼前瞬间浮现出天女散花般的吉祥场景。

　　很早很早以前，中国人就开始讲人和神的故事。比如《山海经》，又如《尚书》等。三星堆铜罍座倒立鸟足顶尊神像的拼接复原，将人和神的故事演绎又提前了1000多年。

　　华丽的纹饰、精美的造型，不放过任何一个枝末细节，因而不惧怕4K高清镜头"怼脸"拍。拼对成功后，又浑身散发着神秘、肃穆、威风凛凛的气息。从断裂的碎片到一个整体，又给我们认识人与神之间的关系提供了可能，这就是铜罍尊倒立鸟足顶尊神像的魅力，这也正是三星堆的魅力！

顶尊小人儿找到神兽坐骑啦！

　　看到它的第一眼，不由自主地哼起这句歌词："我身骑白马啊，走三关……"不过，小铜人骑着的乍一看似马,但又有点像狗,却又长着一对长长的直立的"兔耳朵",还有一张大大的像吹风机一样的嘴!再仔细一看,小铜人好像并不是骑在这个奇特神兽上的,而是跪坐在上面的。

不着急,让我们来捋一捋:最下层是昂首挺胸,霸气十足的神兽;中间是跪在神兽背上的头顶戴冠的铜人;最上一层还有铜尊。这就是三星堆的又一个"世纪大重逢"——铜兽驮跪坐人顶尊铜像。

通高1.59米,由二号祭祀坑的铜尊口沿、三号祭祀坑的铜顶尊跪坐人像、八号祭祀坑的铜神兽组合而成。和铜罍尊倒立鸟足顶尊神像一样,考虑到结构安全问题,目前文物实体无法凑在一起。您在展馆看到的其实是通过数字化虚拟修复技术,实现器物的跨坑拼接和修补复原,并通过3D打印技术制作出来的原比例研究性复原的仿制品。

2022年的夏天,考古队员们在三星堆八号坑发现了托着铜人的青铜大神兽,这位"重量级"选手。有多重呢?据说,刚出土时,它自身的重量加上浑身的泥土足足有300斤!圆滚滚的身体长约95厘米,高约95厘米,在三星堆众多动物造型的青铜器中,是个货真价实的"大胖子"。青铜大神兽不仅拥有"王者"的身躯,更拥有非同一般的颜值:周身富丽堂皇的纹饰,胸口有神树的"纹身",腰部更是古灵精怪,似乎还有一张笑脸。这样的装扮让它看上去既高贵又不失亲和力。

神兽的头上还站着一个身材修长,戴着高冠、身着长袍、脚踏翘头靴的立人。谁这么大胆呢?敢在神兽脑袋上"撒野"?更稀奇的是,在他的脚下,有一个类似

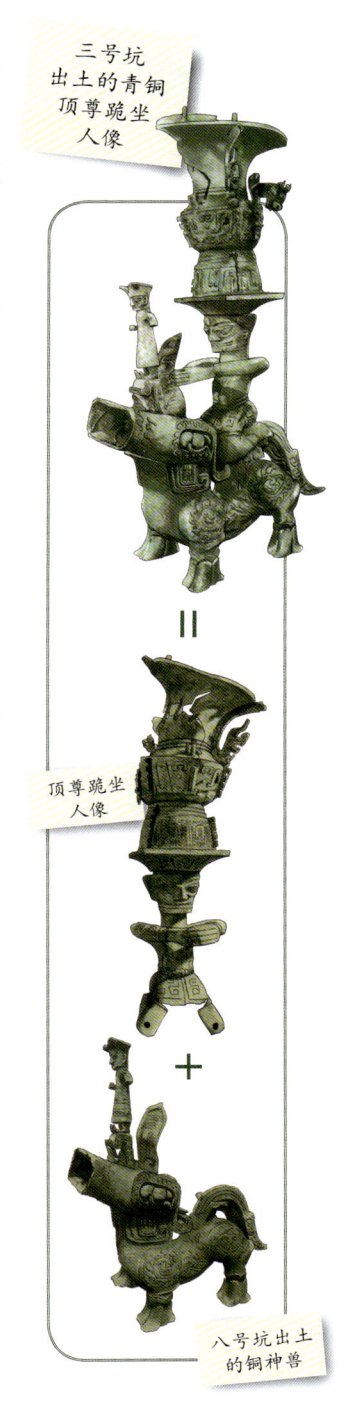

三号坑出土的青铜顶尊跪坐人像

顶尊跪坐人像

八号坑出土的铜神兽

第四章 这些年,我们追过的三星堆

"洞穴"的地方，还"躲"着一个双脚跪地的袖珍小人儿！而这些，仅仅是预示着好戏刚刚开始……

在三星堆新一轮的发掘中，三号祭祀坑出土了一尊高约 115 厘米的顶尊跪坐人像。顶尊跪坐人像顶的铜尊刚从土里露出头时，大家都以为这是一口巨大的尊，挖到最后才发现尊下还有人！人像呈跪坐姿态，双手交叉合拢，上身穿着云雷纹长袖对襟短衣，仔细看人像的小腿，你能看到一个十分熟悉的图案——眼型图案。人像头顶一件口沿开阔的青铜尊。青铜尊的大口沿虽然有破损，残存部分却依然令人惊喜。比如，它还有完整的降龙和垂兽装饰。降龙露着牙齿，威严凶猛；垂兽的画风摇身一变，头上有犄角，吐着小舌头，呆萌又可爱。你简直无法想象，古蜀先民是如何把呆萌和威严处理得如此不违和的？

一尊铜像，三个人。他们是什么关系呢？专家认为，神兽背上的人，是古蜀礼神最虔诚的姿势，因此推断他应该是巫者。敢站在神像头顶的，自然身份尊贵，应该是古蜀的王者。而拱形高台下方的袖珍跪姿人像，莫不是为了彰显出立人的超然地位？

虽然身处不同的坑位，也许是冥冥之中，也许是"心有灵犀"，考古工作人员在发掘顶尊跪坐人像和铜神兽时，就预感着它们可能会拼到一起。2023 年初，在三维技术的帮助下，我们得以窥见顶尊跪坐人像和青铜大神兽重逢的原貌。

这是一场穿越了几千年的中式浪漫合体！当八号坑的大神兽托起三号坑的顶尊人像时，我们仿佛又看见了一个新的传奇。

在三星堆做一条特立独行的龙

龙行龘龘，六条龙同行，在哪里可以见到呢？在三星堆博物馆就能见到！三星堆新馆二楼的"天地人神"展区，一组六龙共室的展柜，吸引了不少游客的眼光。原来，咱们堆还是一个不折不扣的"龙窝"！

想要在"龙窝"里成功出圈，那得是一条特立独行的龙。比如，八号坑出土的虎头龙身像就凭实力冲上过热搜。明明是条龙，长得却虎头虎脑的！龙的犄角搭配老虎的耳朵，龙的身子却遍布金底虎斑纹，不得不感慨一句，"这到底是怎样一波操作？"

看过虎头龙，有没有羊头龙呢？别说，还真有！羊头龙看上去可傲娇了！龙身像蜥蜴一样趴在下面的器座上，龙头却是一只山羊头，有山羊的胡须和犄角。这样的龙，出了三星堆，你可是找不出第二个的！

如果说羊头龙有点像个小老头，同样出土于八号坑的萌萌哒的猪鼻龙就太可爱了！猪鼻龙的鼻子是中空的长方形，长着一对凸眼睛，尖耳朵向前弯曲，长达1米多的腰身呈圆筒状。额头、颈部都铺满了鱼鳞纹，龙身又是羽纹，在它的下颌还发现了神树图案。这样的重要标志，似乎也昭示着外表呆萌瑰丽的猪鼻龙其身份恐怕不一般。

虎头龙身像

羊头龙

三星堆里到底还有多少龙？目前据初步统计，三星堆各类文物上龙的数量在30个以上。这还不包括新发现三号到八号祭祀坑新出土的。四川省文物考古研究院三星堆遗址工作站副站长许丹阳介绍说，"三星堆的龙从材质或载体来说可以分为两大类，一类是青铜器，一类是陶器，以青铜器为主。青铜器中，龙形象也有不同的类别，一种是青铜器的构件，一种是相对独立的龙造型青铜器，还有一种就是青铜器上的龙形纹饰。"

从青铜神树上缘树而下的神龙，到青铜神树上昂首挺胸的神龙；从鸟足神像青铜立人手中的龙首权杖，到青铜大立人衣裳上的团龙纹样……三星堆不仅有龙，甚至处处见龙。著名考古专家霍巍分析说，"猪龙可能与

猪鼻龙

中原地区农耕民族的文化传统相联系,羊头龙可能与西北地区游牧民族的文化传统相联系,虎头龙可能与东南地区部族民族的文化传统相联系。"三星堆的龙,既看得到中华大地的文化影子,也有自己独特的"小心思"。但不管多么特立独行,无论多么天马行空,三星堆的龙都逃不出"中华龙"的血脉,一脉相承,是炎黄子孙共同的图腾。

古蜀人也爱"土豪金"

有人说,"金沙出金器,三星堆出青铜器",堆堆的金器表示"很受伤"！2021年1月,憋了一口气的堆堆出土了一件大型金面具,震惊四座。

"听说你堆又暴富啦？"

"已经够好看的了,不需要再用面具挡脸了吧！"

三星堆又上"金",围观群众立马兴奋起来。有一个好消息和一个不那么好的消息,你们要先听哪一个？好吧,那就先讲不好的吧！这次新出土的黄金面具是个残件,也就是说只有"半张脸",听上去真的很遗憾！

这张面具残件出土于三星堆五号祭祀坑,"隐藏"得特别深。最初被发现的时候,像个被揉皱的纸团一样,压扁在泥土里,完全看不出是什么造型。越是低调越可能意味着不一般！果然,在考古工作者小心翼翼地呵护清理下,鼻子、耳朵的轮廓渐渐清晰起来……宽约23厘米,高约28厘米,完整重量应该超过500克。如果能发现完整的黄金面具,不仅将是国内所发现的同时期最大的黄金面具,还将是国内所发现的同时期最重的金器。这意味着,三星堆"半张脸"金面具竟然比先前金沙遗址出土的黄金面具更大更重！厚重到什么地步

2021年三星堆出土的半张金面具图示

呢？不需要任何支撑，就能"支棱"起来！厉不厉害？

好事成双。转眼就到了夏天。2021年的端午节，三星堆三号坑又献上一份大礼！修复人员用了不到一周的时间，将它复原呈现——一张完整的金面具！平铺展开后宽37.2厘米，高16.5厘米，成为目前三星堆发现的完整金面具中体型最大的一件。

加上此前一、二号祭祀坑已经出土的金面具、金杖、金果枝、金面罩等等，可以说，3000多年的三星堆人也是十分崇拜"土豪金"的！但是要诚实地告诉大家，堆里人用的金不是纯金，大部分是金银二元合金，含金量在85%左右。

在四川，有岷江、沱江、大渡河、金沙江等多条江河，"大浪里淘金"可是堆里人值得夸耀的手艺哟！在这里还有更值得炫耀的手艺：三星堆人淘洗砂金，用熔融法冶炼成合金，再经人工捶打和碾压成金皮、金带、金箔等，甚至还能在金皮上雕刻图案……都说四川人心灵手巧，特别能干，没想到，3000多年前的古蜀人竟然能干到这种地步！

至于堆里人为何热衷金器？难道仅仅是爱美吗？专家认为，金面具在宗教祭祀活动中应该具有特定功能和文化意义。能戴金面具的人，应该被认为是具有和神灵沟通的超能力，金面具也是他们崇高身份的一种象征。而金面具和金杖一样，可能也吸收了西亚近东文明的文化因素，所以乍一看，和古埃及等地的金面具有些"傻傻分不清楚"。

总之，面具一戴，霸气上来！网友纷纷竖起大拇指："真，人间富贵花……"

戴金面罩
铜人头像

出土即顶流的网红猪

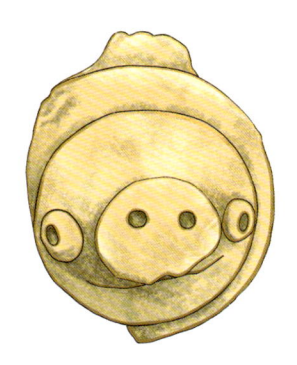

三星堆惊现《愤怒的小鸟》里的反派绿猪？现在，这只小猪头就在三星堆博物馆里。

若不是亲眼所见，真不敢相信自己的眼睛。"穿越实锤了！""这已经不是撞脸了，简直一模一样！""已经脑补了古蜀人玩游戏的画面。"……

憨憨的眼神，吸精的鼻孔，还有好似在坏笑的嘴唇，再配上《愤怒的小鸟》魔性音乐，陶猪猪立马就可以申请作战了！

要说堆里的小可爱，这只陶猪猪若排第二，恐怕没有敢站出来称第一的。在三星堆众多"严肃脸"面前，陶猪猪简直是180度切换画风，让我们看到三星堆如此呆萌的一面。

这只网红猪头2020年出土于距离三星堆大约8公里的遗址中，距今约3200多年了。专家分析称，出土这只泥塑陶猪的联合遗址应该是三星堆古城遗址周边的一个重要聚落，证明当时的三星堆人已经开始饲养牲畜。

这下你明白了吧，三星堆人可并非"不食人间烟火"，堆里不仅有神鸟、异兽，以及龙，也有我们熟悉的伙伴，比如小猪、老虎、小羊、小狗、猫头鹰、蟾蜍、蛇……它们组成了三星堆动物小分队。那它们是作什么用的呢？

三星堆陶猪

青铜鸡

三星堆的动物小分队

龙是中国古代神话中的至上神物,也是中华民族的象征之一。而蛇被古人认为是龙衍变的。在巫文化中,龙和蛇都是登天通神的辅助之物,拥有很高的地位。三星堆遗址中的青铜龙、蛇都是古蜀人眼中通灵、通神的圣物。三星堆的铜龙造型器物有数十件,有的是饰物,有的则是神树、神殿、铜尊之类器物的附件。三星堆龙的造型风格奇异,极尽夸张之能事,尤以马面头、山羊貌、辫绳身、人手爪、下颌长须、刀状羽翅等造型最具地方特色。

除此之外,三星堆还出土了一些虎形饰物和器物。据《山海经·海内经》记载,古蜀境内百兽出没,因而古蜀有"尚虎"的习俗。一号坑就曾出土过一枚铜虎形器。虎神肥硕,作圆圈形,四足立于一圆圈座上。虎眼圆瞪,虎耳尖尖,龇牙咧嘴。甚是凶猛。

各种不同的材质、不同风格、不同造型的动物形物什组成了三星堆热闹的动物小分队,为原本气质高冷的三星堆增添了浓浓的烟火气。据说,这些物件有可能是器物上的装饰品。

高超的手艺,非凡的审美,真的想不出古蜀先民有着怎样一个超强大脑呢!

青铜龙

青铜虎形器

青铜蛇

吃着火锅喝着小酒，
三星堆人的小日子

地球人都知道四川人的小日子"很巴适"，3000多年前的古蜀人呢？看看这些物件，你不得不叹服：会过日子原来也是祖传的！

2021年9月，三星堆四号坑发掘完毕，出土的395片陶片残片经修复后，让我们看到了古蜀人过日子的"家伙什"，这些物件可是时髦得很呢！

"陶三足炊器"，高39.2厘米，因三只胖胖腿呈鼎立之势，故此得名。盘面分内外两层，外层可盛水置物，足下可生火，支个盆上去，直接就可以烫火锅啦！这是三星堆特有的器型，曾在一、二号坑的挖掘中发现过这件器物可是吊足了网友们的胃口，"四川可能有3000年的火锅历史"，"火锅人火锅魂"，"赶紧挖，看看火锅底料是啥"……

3000多年前，三星堆人真的开始吃麻辣火锅啦？那倒不至于！辣椒在明代才从墨西哥传入中国，但是花椒可是我们的本土土货。《诗经·唐风·椒聊》就有"椒聊之实，蕃衍盈升。"意思是：花椒果实丛生，可以装满一升。所以，四川人肯定是先喜欢上了麻，再爱上了辣。三星堆人的火锅顶多就是个花椒锅吧！有人推测，这或许就是四川火锅的源头。寒冷的冬季，北风凛冽，

陶三足炊器

三星堆人是不是也和现在的我们一样，围坐在一起唠唠家常，涮涮火锅呢？

烫着火锅，划个拳，没有酒哪行？上酒具！完整的酒具包括陶盉和瓶形杯。陶盉，相当于我们今天的酒茶壶，也有三条腿，也可以直接在火上加热。至于为什么要做成三条腿，这可能是因为那个时候还没有桌椅，人们都是席地而坐的，这样的高度真的很方便坐在地上拿取食物哟！瓶形杯，就是三星堆人的酒杯啦！酒具的出土，说明古蜀先民已经掌握了酿酒技术，日常小酌也是非常普遍的。

酒具有了，那么碗呢？三星堆的碗长什么样子？那就不得不说几十年前出土的陶高柄豆。虽然它不是新近出土的，但却是三星堆文化的重要典型器物。乍一看，它像油灯，是如何做碗的呢？三星堆最著名的一件陶高柄豆长得挺修长，豆圈足上刻着一只眼睛，高46厘米，上部呈盘状，可以盛装食物，中部为管状的豆柄，中空，与喇叭形器圈足相通。三星堆古蜀人习惯席地而坐，陶高柄豆就可以方便地坐到哪儿，放到哪儿。想在哪儿吃就在哪儿吃，是不是很聪明的设计？

吃着火锅喝着小酒，三星堆人的生活是不是很"巴适"啊？

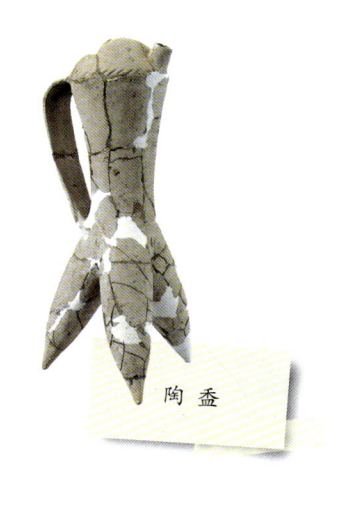

陶盉

陶高柄豆

围坐吃火锅的三星堆人文创盲盒

第四章 这些年，我们追过的三星堆

从事"跨国贸易"的三星堆人

海贝、象牙、金杖、金面罩，或多或少都带着些异域风情，这是古蜀国和中南半岛、南亚，甚至中亚、西亚文明交流、互通的结果。那么，在地球的另一边是否发现过什么来自古蜀国的文明密码呢？

1993年，在埃及底比斯的一个墓地里发现了一具3000多年前的女性木乃伊，这具木乃伊用亚麻布包裹着并且保存状态良好。更让人震惊的是，考古学家们在她的头发里发现了一小块丝绸。这块丝绸与这具木乃伊同属一个时期，年代相当于中国的商朝。在那个遥远的年代，中国是世界唯一的丝绸出产地，当时的中国丝绸已经远播到了红海地区吗？

2000多年前的西汉时期，汉武帝派张骞出使西域，

张骞出塞

开辟出一条以长安（今西安）为起点，经甘肃、新疆到达中亚、西亚，并一直延伸到欧洲地中海各国的陆上贸易通道。这就是著名的丝绸之路。但是，这条路的形成比古埃及木乃伊头发里的丝绸晚了1000多年，那么，这块丝绸是产自哪里的呢？又是如何神秘"出境"的呢？

同样疑惑的还有中国古代第一任"外交官"张骞。《史记·西南夷列传》载，张骞"居大夏时，见蜀布、邛竹杖，使问所从来，曰：'从东南身毒国，可数千里，得蜀贾人市'……"意思是说，张骞到大夏国（现阿富汗北部）后，发现这里竟然有蜀布、邛竹杖等商品，便询问他们这些东西从何而来？得到的答案是，从东南身毒国（今印度）买来的，而且是从蜀国商人手里买来的。是不是在丝绸之路开通前，早有一条神秘通道存在？这条通道连接着传说中"难于上青天"的古蜀国和古印度？

在今天的三星堆博物馆正门前，竖立着一块"古代南方丝绸之路零公里"纪念碑。南方丝绸之路，也称"蜀—身毒（印度）道"，起于成都，途经云南到达印度，最终可与同往中西亚的道路相连，是一条非常古老而漫长的"国际化"通道。据专家研究，早在先秦时期，三

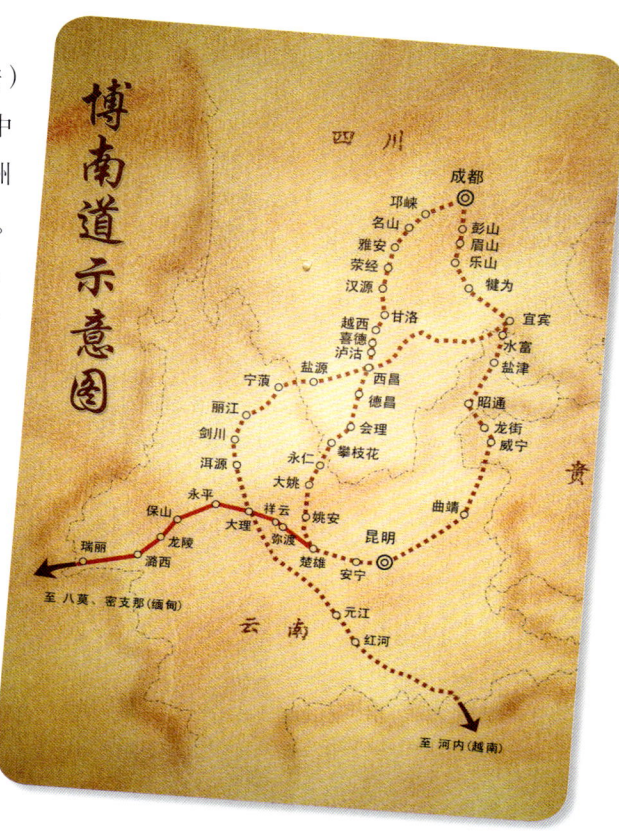

"蜀—身毒道"示意图

三号坑丝织品残留

星堆人就已经云南，与缅甸、印度有所往来，只不过后来，古蜀的中心南移至成都。可以说，古蜀人是南方丝绸之路的开拓者，从三星堆时代起，他们就已经开始利用这条路做起了"跨国贸易"。

有了贸易的道路，货源呢？古埃及木乃伊头发里的丝绸会是古蜀国出产的吗？

我们再把目光回到青铜大立人身上，那身精美的祭祀礼服至少有四层，上面还有精美的纹饰。很多专家认为，青铜大立人的衣服应该是丝绸材质。而古蜀国的开国国君蚕丛，就"教民蚕桑"。种种迹象表明，三星堆人的生活应该有丝绸的印记，只是这样的猜测一直未曾得到实物证实。

直到三星堆新一轮的发掘，在七座坑里都发现了丝绸残留物或者丝蛋白信号。这是此次三星堆新发掘中最激动人心的发现之一！2021年，三星堆八号祭祀坑出土的一件青铜残片上附有丝绸织物残留，经纬组织非常明显，表层有一层类似于涂层的附着物，尺寸为1.8×0.8厘米，是目前三星堆发现的最明显也是最大面积的丝绸物残留。这些发现，印证了3000多年前的古蜀国已经开始使用丝绸。四川省文物考古研究院三星堆遗址工作站站长、三星堆遗址考古发掘队领队、三星堆博物馆馆长雷雨表示："这次通过高科技手段，我们检测到或者发现了几乎每个坑都有丝绸的这样一种痕迹。实际上也印证了，以前我们对于古蜀国在夏商时期拥有发达丝绸业的这样一种推测或者是推理。我们当年把南丝路起点的碑搁在三星堆,这个是当之无愧的。现在我们有这样一种底气了。"

中国丝绸博物馆副馆长周旸说:"以三星堆和金沙为代表的古蜀文明,不仅是中华文明重要起源和组成部分,也是中华古代文明共同体中最具特色的区域文化之一。在中华文明一体化进程中,丝绸是一个非常显著的趋同因素。不管是关于丝绸的神话传说、史料记载,还是考古发现,均表明巴蜀和中原都秉承着大致相同的知识体系和价值体系。"

更让人振奋的是:三星堆丝绸残留物的发现,为我们下一步发现三星堆文字提供了更大的可能!雷雨说:"可能我个人是相信古蜀文明应该是有文字的,只是没有被发现而已。古蜀人的文字很可能是书写在不太容易保存的、有机质的,比如丝绸或者是纺织品,还有漆木器这些方面,这些载体上可能是书写文字的重要的载体。由于它们不太容易被保存下来,因此导致我们到现在为止还没有发现文字一类的东西,但是我相信那么璀璨的文明没有文字的话是难以想象的。"

此次发掘,研究人员复原了3种三星堆出土的丝绸类型,专家推测:或许非常稠密的丝织物的用途,正好和祭祀甚至作为书写工具有关;而相对稀疏的丝织物,用作衣物的可能性更大。

小小的一块丝绸,带给三星堆迷们大大的惊喜!薄如纸张的丝绸,发达的丝绸业,古蜀人是怎么做到的?相信将来的研究会让我们再一次张大嘴巴。

当科技照进三星堆

你见过穿着防护服工作的考古人员吗？你见过2000多平方米的"考古方舱"吗？他们，被称为"考古大白"，这些方舱是全封闭、恒温恒湿、拥有新风系统的发掘方舱。一流的钢结构保护大棚、现场保护实验室、发掘工作舱，这些，就建在三星堆遗址附近，为三星堆的新一轮发掘保驾护航。如今，三星堆新馆将考古方舱"搬"进了展厅，借助裸眼3D的技术，让我们可以身临其境地感受三星堆文物发掘出土的震撼。

环境可控，对于考古工作的顺利展开非常重要。36年前的那次"抢救式"发掘，就遇到了很大的困难。没有任何高科技设施，拉一根电线，一双雨鞋、一个小手铲、一根竹签，就开干！正值盛夏，天气异常炎热，考古队员最担心的是突如其来的暴雨。因为一旦下雨，田里的水就会翻起来，对文物造成破坏；但是如果光打雷不下雨，土质又会干硬，很难控制。为了抢晚上土质稍微回湿的那点时间，大家几乎都是通宵工作。

这一次，现代化的考古大棚代替了篱笆草棚，恒温恒湿的系统避免了发掘舱免受天气影响，全新的仪器帮助考古队员进行精准的文物定位，发掘人员全程身穿防护服进舱工作，尽量做到无菌化发掘……为了留下珍贵

发掘方舱

的第一手资料，三维摄影、全自动拍照、多光谱、高光谱都用上了！

  1986年的那次发掘，基本只用了碳14测年技术，而这一次发掘，科技手段上得非常多。象牙的保护，一直都是考古界的一个"世界性难题"。因为它们"一触即粉"。"在3000多年的埋藏过程中，象牙中起黏结作用的蛋白质已降解殆尽。几乎所有的象牙，从牙根到牙尖都形成了一个较大的空洞。因此，考古发掘中看起来完整坚固的出土象牙，其实内部已完全被潮湿的泥沙充填，一旦暴露在空气中，就会迅速'失水'开裂。加上光照、微生物的侵蚀与降解，象牙表面会迅速变色，裂隙增宽，甚至产生新的断裂、霉变等病害。这就是出土象牙不易保存的原因。"

  本轮发掘中，在三号坑、四号坑、七号坑和八号坑都发掘出大量的象牙。如何确保这些象牙的安全呢？三星堆遗址祭祀区考古工作队队员介绍说："我们在这次的发掘过程中重点使用了比较轻便的高分子材料。这样的

第四章 这些年，我们追过的三星堆

情况下，我们就能将这些非常酥软的象牙很快也是很轻便地提取到坑上来。同时在后期也可以比较快地进行剔除工作，然后再通过加入长期的保护剂，使象牙能够更好地保存。"为象牙建起一座专门的"冷库"，如此一来，象牙中蕴含的DNA或者其他一些蛋白质信息就可以长期保存下来！

三星堆象牙的来源，虽然有专家倾向于"本土造"，但一直缺乏科学理论支持。这一次，考古工作者则是要提取象牙样本来进行研究。经过3000多年的埋藏，象牙和青铜器"厮磨"在一起，有的已经染成了浅绿色，这些对象牙提取和研究造成了很大的干扰。如今，通过科学的手段，我们可以利用多种技术和方法排除干扰，最终通过元素和同位素示踪的方法探寻象牙的来源。

而为了解开三星堆海贝到底来自哪里这个谜，中国科技大学科技考古团队设计了这样一条技术路线：收集世界范围内不同地区的现代海贝标本，以及中国古代不同时代和地区的海贝遗存，通过同位素以及微量元素等成分和微观结构的分析，将结果进行比对，希望发掘出尘封在三星堆象牙和海贝里的时空线索。

三星堆遗址祭祀坑考古发掘现场八号祭祀坑内，工人员正在进行扫描作业

如今，每一件出土文物都得到了精心的呵护，考古不再"步步惊心"！玩的都是高科技，新时期三星堆考古发掘"YYDS"！

过去，考古人总是自嘲："远看捡破烂的，近看考古的。"如今，科技为考古插上翅膀，原来考古也可以这么好看，这么炫酷！

修复中心

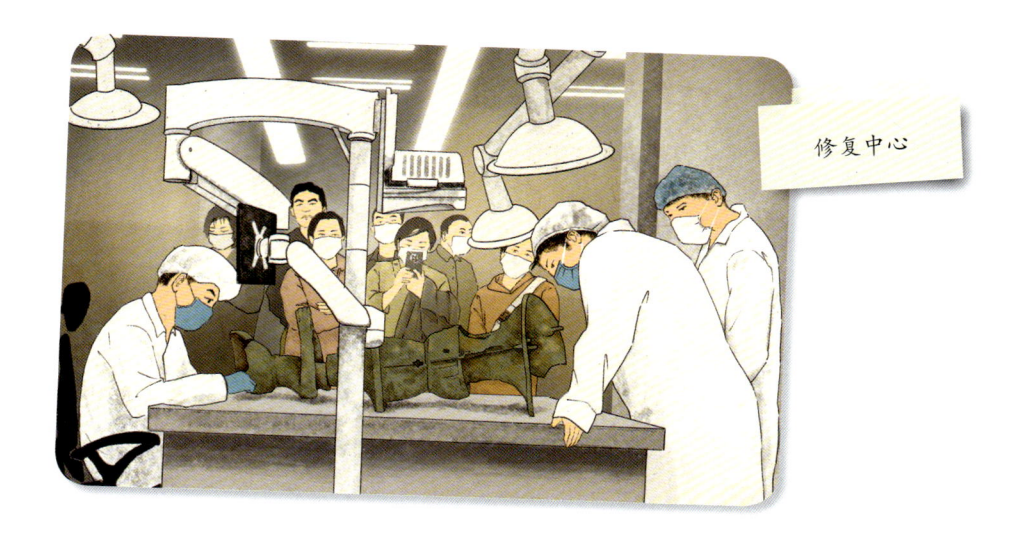

不能错过的文物保护与修复中心

来三星堆，千万别错过文物修复馆。

三星堆修复馆，建筑面积1000平方米，于2021年12月对公众开放。一道玻璃幕墙将它分为两个独立区域：文保工作区和游览参观区。也就是说，游客走进这里，是既可以看到展出的文物，也可以看到工作人员身穿白大褂的工作场景。用他们的话说，"是在观众的眼皮子底下工作"。如此沉浸式地体验文物保护修复过程，是不是觉得特别过瘾？

修复馆里有一个像盆子的东西，由于研究不够，暂且叫它"青铜盆形器"。乍一看你觉得像什么？帽子？杵臼？火锅盆？你的猜想还是不够大胆。这充满现代风的造型，难道不像顶礼帽或者魔术帽吗？

这个盆，材质是古蜀人惯用的青铜材质，它出土于三星堆三号坑。看似平平凡凡，可能暗藏玄机。生活中我们见过了太多盆子，宽口的、窄口的、深的、浅的，

青铜盆形器

第四章 这些年，我们追过的三星堆

好像并不是什么稀罕物。但若是用青铜铸造的，就有些稀罕也有些稀奇了。青铜毕竟又重又废料，再加上器物侈口折沿十分费功夫，古蜀人果然脑洞清奇，连做个盆也不走寻常路！这大概就是"史上最不实用的盆子"吧！

还有一块圆形牌饰，乍一看，像一张笑脸，仔细端详，又像一只昂首看天的猫头鹰，瞪着圆圆的眼睛，仿佛刚刚熬过了夜。这到底是什么呢？在牌饰的周边有四个孔，目前的研究觉得，或许它具备了一定的功能性，也有可能是古蜀人的装饰用品，因而定名为青铜圆形牌饰。

铜鸟在三星堆很常见，但这里有一件造型优雅、精美绝伦的青铜鸟形器。铜鸟双脚腾空，准备起飞。漂亮的羽毛采用镂空的方式呈现，像只美丽的凤凰。这是堆里人珍爱的太阳神鸟？暂时还不得而知。

维修馆还上新了一尊男版青铜断臂"维纳斯"。典型的堆里人长相，平顶戴冠，对襟长衫，左手成环状，右臂不知所踪，却有一种残缺之美。

2023年7月，三星堆博物馆新馆开启试运行。它比老馆足足大了五倍。三星堆"顶流天团"在这里成功"出道"！新馆位于三星堆遗址的东北角，在现有的一号馆、二号馆的北侧。以科技赋能打造智慧博物馆是新馆的一大亮点。现在，你在这里可以体会到人工智能、云计算、物联网、大数据等前沿技术，通过3D仿真、VR游览、在线导览、智能讲解等技术，感受三星堆强大的互动性和体验性，更加深入、真切地去了解灿烂的古蜀文明。2020年起，三星堆新发现的6座祭祀坑的考古工作一直让不少观众津津乐道，回味无穷。如今，这6座祭祀坑的考古工作也通过裸眼立体新媒体技术，被搬到"方舱

三星堆新馆

考古"专区，再现昔日发掘现场的阵阵惊叹！

我们都知道，三星堆有一著名IP——眼睛。不知道你们有没有在三星堆的展馆里发现这些"隐藏"的眼睛？比如，2号老馆的标志性圆形中庭，就是朝向天空象征"天眼"，代表着对天的崇拜。而在新馆，有一条螺旋坡道盘旋而下，直抵建筑的最低点，也就是地下负十米的圆形地坑。这个设计，和2号馆的"天眼"呼应，象征着对大地的追寻——地眼。新馆还有一个开放式剧场，剧场的外墙上也有一只巨大的"眼睛"，通过它，串起了新老馆之间相望与注视。新馆给我们带来的这些惊喜，还需要你来一一见证和体会。

几乎每一个展览日，三星堆博物馆里都是"人从众"。络绎不绝的游人对这里充满了好奇和想象。是啊，三星堆背负了太多的"不可能""世纪之谜""难以置信"……

如今，三星堆的宝贝们在这个5万多平方米的"新家"里，向慕名而来的人们无声地讲述着它们曾经的故事。

三星堆博物馆新馆内的螺旋通道

  当本书快要结尾的时候，三星堆的发掘工作已暂告一段落。本轮发掘中，6座祭祀坑共出土文物17000余件，相对完整的有4000余件。可见，三星堆文物修复工作还将继续很长一段时间。这些文物中又有多少颠覆以往的文明密码呢？当8个坑的全貌出现，以往的推测和猜想又有多少会被推翻？我们对于古蜀国是否又会有更多新的认知、新的发现呢？或许经过几代考古人不懈地努力，我们能够不断地接近真相，靠近历史。

  三星堆，未完待续……